出口增长、结构优化与技术升级

——基于农林与环境产业的实证研究

曹旭平　著

图书在版编目（CIP）数据

出口增长、结构优化与技术升级 ：基于农林与环境产业的实证研究 / 曹旭平著. -- 哈尔滨 ：黑龙江大学出版社 ；北京 ：北京大学出版社，2019.8
ISBN 978-7-5686-0348-5

Ⅰ. ①出… Ⅱ. ①曹… Ⅲ. ①出口贸易－研究－中国 Ⅳ. ①F752.62

中国版本图书馆 CIP 数据核字（2019）第 071467 号

出口增长、结构优化与技术升级——基于农林与环境产业的实证研究
CHUKOU ZENGZHANG、JIEGOU YOUHUA YU JISHU SHENGJI——JIYU NONGLIN YU HUANJING CHANYE DE SHIZHENG YANJIU
曹旭平　著

责任编辑　刘　岩
出版发行　北京大学出版社　黑龙江大学出版社
地　　址　北京市海淀区成府路 205 号　哈尔滨市南岗区学府三道街 36 号
印　　刷　哈尔滨市石桥印务有限公司
开　　本　720 毫米 ×1000 毫米　1/16
印　　张　11.75
字　　数　174 千
版　　次　2019 年 8 月第 1 版
印　　次　2019 年 8 月第 1 次印刷
书　　号　ISBN 978-7-5686-0348-5
定　　价　36.00 元

序　言

出口是中国经济增长的主推动力之一，飞速增长的出口贸易极大地提升了中国的国际地位与话语权。但中国出口贸易的增长之路并非一帆风顺，全球次贷危机的爆发、层出不穷的技术性贸易壁垒、国内要素价格的不断上涨、人民币汇率升值压力等诸多因素给中国出口增长带来了重大挑战，中国企业在这复杂而艰难的环境中不断成长。展望未来，中国出口贸易的外部环境依旧复杂而严峻，不确定与不稳定的因素较多，再加上出口额基数抬高的客观因素，确保中国出口贸易高速、高质量增长的任务重要而艰巨。其中，出口增长、结构优化与技术升级问题对中国出口高质量发展具有重要的理论及现实意义。笔者对中国农林与环境产品出口增长、环境产品出口技术结构升级、美国农产品出口贸易波动成因等进行了研究。相关内容也以论文形式发表于 *International Journal of Environmental Research and Public Health*、*Sustainability* 等国外 SSCI 期刊及《华南农业大学学报（社会科学版）》《中国科技论坛》等国内 CSSCI 期刊。本书核心内容与可能的创新点如下：

核心内容包括：一是理论基础与研究框架部分，重点是国内外研究综述与研究方法。二是农产品出口增长与影响因素研究，采用多国 CMS 修正模型与两国 CMS 模型分别对中国农产品出口波动特征及成因、美国农产品出口波动特征与成因、中美农产品贸易增长成因进行了分析。三是林产品出口增长与结构优化研究，重点分析中国主要木质林产品的出口波动特征与影响因素。四是环境产品的出口增长与技术升级研究，重点研究中国可再生能源产品的出口增长及影响因素，并采用技术复杂度指数实证测算中国环境产品、可再生能源产品的出口技术结构演变情况。五是实证分析了中国出口贸易增长特征及影响因素、中国对区域全面经济伙伴关系其他国家出口特征及影响因素，并测算了中国进出口商品结构合理度。六是针对性地提出了出口增长、结构优化与技术升级的相关对策建议。可能的创新点包括：一是产品范畴界定，考虑到国内外有关木质林产品、可再生能源产品、环境产品的产品范畴界定并无统一明确的规范，本书在前期文献界定的基础上对这些产品的范畴界定进行了补充与完善。二是采用修正 CMS 模型对美国农产品出口波动成因、中美农产品贸易波动成因等进行了实证研究。三是农林与环境产品均具有可持续性、生态性，其出口增长与技术结构升级的系统实证研究具有一定的创新性。

本书系“苏州现代职业农民教育培训中心”“苏州农业现代化研究中心”“常熟理工学院琴川智库”“常熟理工学院应用经济学重点建设学科”研究成果。

本书的内容也是本人出国访学成果的体现，在此感谢学院领导张国平院长、周英书记、朱福兴副院长在我访学生活及科研方面给予的帮助。感谢黑龙江大学出版社于丹编辑、刘岩编辑及审稿专家为本书所做的细致工作。由于本人水平有限，书中如有错误或疏漏之处，请各位专家及学者批评指正。

目　录

第一章
理论基础与研究框架

出口是经济增长的三驾马车之一，对中国经济增长与国际影响力提升起着重要的推动作用。虽然近年来中国出口贸易增长迅猛，但其面临的国内、国外各种风险挑战因素也在不断增多。一方面，金融危机后的世界经济依旧低迷，国际单边主义及贸易保护主义盛行，针对中国的各种贸易壁垒日益增多；另一方面，中国产业及出口结构也在不断转型升级中，"一带一路"倡议的实施取得较大进展。可以预见的是，未来中国出口贸易技术水平、市场结构等指标均将得到优化提升。本书重点关注了农林与环境产品出口增长、结构优化与技术升级问题，并对其进行实证分析与探索。考虑到中美贸易重要性，本书也对美国农产品出口波动、中美农产品贸易波动成因等进行研究。

第一节　研究背景及综述

一、农产品出口增长研究背景及综述

20 世纪 90 年代以来，中国农产品出口额占全球农产品总出口额的比重维持在 2.8% ~4.4%，在未来很长的一段时间里，中国农产品出口很可能将维持持续增长的局面（耿献辉，张晓恒，周应恒，2014）。中国是农业生产大国，根据国家统计局的统计数据，2017 年中国农业总产值规模达 6.17 万亿元，相比于 2016 年增长了 4.10%。与此同时，农产品出口贸易规模也在不断提升，中国农产品出口额达 755.3 亿美元，比 1992 年的 113.1 亿美元增长

了5.68倍。中国水产品、苹果汁、花生、大蒜、蜂蜜、香菇、蔬菜罐头等许多农产品出口位居世界前列。但是,农产品出口大国并不代表是贸易强国,中国农产品出口依然主要是由丰富的低成本劳动力资源优势驱动的,在传统发达经济体市场萎缩、农产品国际市场准入越来越苛刻、国际贸易摩擦与单边贸易保护主义加剧、国内生产要素及人力资本价格上涨等因素越来越复杂的今天,中国农产品出口面临着巨大挑战和不确定性。近年来,中国水产品、园艺产品等主力农产品出口已显现出增长乏力态势。因此,深入分析中国农产品出口贸易特征,研究国际市场需求规模变动、出口市场结构演变、产品竞争力变化等相关因素对中国农产品出口贸易波动产生的影响具有重要的现实意义。

国内外有关农产品出口贸易波动及影响因素的研究集中于三个方面:一是贸易自由化促进农产品出口研究。当今世界,尽管全球农产品贸易增长迅猛,但农业仍然是各国最受保护的产业,仅经济合作与发展组织(Organization for Economic Co-operation and Development,OECD)国家2009年的农业保护货币规模就达到253亿美元。影响农业贸易自由的因素有很多,比如农业提供了诸多国家需要的非市场商品、粮食安全与可持续发展问题,农业在各国扮演不同角色问题,等等。全球农业发展重要的是要解决上述问题,但不能浪费农业自由化与产品自由贸易机会(Moon,2011)。二是贸易保护壁垒与农产品出口研究。中国自2001年加入世界贸易组织(World Trade Organization,WTO)以来,农产品出口增长迅猛,与之伴随的农产品出口贸易壁垒形式也推陈出新。主要壁垒包括:知识产权贸易壁垒、反倾销与反补贴救济措施、原料来源合法性壁垒、其他各种技术性贸易壁垒与绿色壁垒。研究显示,日本、美国、欧盟和韩国凭借自身的经济和技术优势,对中国农产品出口设置了极为严格的技术性贸易壁垒,这是影响中国农产品出口的主要因素,具有显著的负作用(陈晓娟,穆月英,2014)。三是中国农产品出口影响因素研究。其中,以中国肉类、水产、蔬菜等主要农产品出口波动影响因素研究较多(夏晓平,隋艳颖,李秉龙,2010)。也有学者基于恒定市场份额(Constant Market Share,CMS)模型实证测算了1992~2003年中国对美国农产品的出口增长影响因素,发现中国对美国农产品出口增长的主要因素是竞争力的提高，中国农产品对美国农产品进口市场的适应能力还有很大的提高余地（何树全，周静杰，苏青娥，2009）。此外，还有学者研究了中国水产品对欧盟市场、中国蔬菜对日本市场的出口波动情况（杨莲娜，2011；李常君，2006）。综上所述可知，农产品出口贸易是重要的研究领域，全球农产品贸易自由化与贸易壁垒始终紧紧相随，但世界农产品市场稳步增长的态势保持不变，美国、欧盟、日本等发达经济体与以中国为首的新兴经济体在农产品贸易领域有越来越多的合作与竞争，农产品国际贸易格局也不断发生着变化。本书将深入剖析 2002 ~ 2016 年中国农产品出口贸易的特征，采用修正的 CMS 模型从市场、结构与竞争力等方面对中国农产品出口波动的成因进行分析。本书还将深入剖析中美农产品贸易特征，采用两国 CMS 模型分析中美农产品贸易波动成因，并深入剖析 2002 ~ 2017 年美国农产品出口的特征，采用多国修正的 CMS 模型对美国农产品出口波动的影响因素进行分析，以便了解美国出口农产品竞争的优势及不足，为中国农业生产、贸易政策制定提供信息参考。

二、林产品出口增长与结构优化研究背景及综述

2017 年中国林业总产值首次突破 7 万亿元，中国成为世界森林资源增长最多与林业产业发展最快的国家。与此同时，中国林产品出口贸易水平也在不断提升，人造板、木地板、家具等产品出口多年来一直稳居世界第一。2017 年中国林产品出口总额突破 1 500 亿美元，中国继续保持世界第一大林产品出口国地位，中国出口的林产品主要为木质林产品。但是，出口贸易大国并不代表一定是贸易强国，中国木质林产品出口依然主要是由丰富的低成本劳动力资源比较优势驱动的，不断攀升的进出口贸易成本导致中国木质林产品出口企业利润率不断下滑（熊立春，程宝栋，2017）。此外，传统发达经济体市场萎缩、国际贸易摩擦与单边贸易保护主义加剧、国内生产要素及人力资本价格上涨等一系列因素给当前及未来中国木质林产品出口带来极大挑战和不确定性。

国内外有关木质林产品出口贸易研究主要集中于以下三个方面：一是

贸易自由化促进木质林产品出口研究。全球贸易分析项目(Global Trade Analysis Project,GTAP)模拟显示,中国加入世界贸易组织以后其进口国外木质林产品的规模大大增加了,中国国内的木材、木制品、纸浆与新闻纸的价格降低了,东盟与亚洲新兴经济体国家受益较大,世界木质林产品贸易流向将改变(Gan,2004)。经济全球化有利于中国森林生态恢复,中国吸引了大量外商直接投资(Foreign Direct Investment,FDI)发展出口导向型林产加工业与服务业,其生产原料主要从国外进口,缓解了国内林业自然资源不足的现象(Li,Liu,Long,et al,2017)。贸易自由化是双向的,在国外市场对中国开放的同时,中国的贸易与投资市场也对外开放,这有利于世界分工与资源的全球更优配置。二是非法砍伐及木质林产品出口效应研究。有西方学者认为经济全球化加速了贸易自由化,进而导致中国大量进口原木等国际林业资源,中国木质林产品贸易模式是全球非法采伐与森林资源破坏现象严重的主要根源。也有学者认为中国木质林产品出口增加了全球鸟类灭绝风险,不利于世界生物多样性发展(Nishijima,Furukawa,Kadoya,et al,2016)。但 E. Katsigris 却认为中国对多数进口林产品进行了加工并再出口,中国付出了大量劳动力、资金及技术资源,国际市场从低成本的中国制造木质林产品中获取了巨大收益,国际需求才是导致世界森林资源破坏的导火线(Katsigris,Bull,White,et al,2004)。很明显,如果中国不生产并出口木质林产品,其他经济体同样会代替中国进行生产并满足世界木质林产品的需求增长,全球森林资源难道就不会被破坏了吗?事实上,全球化背景下中国只是在世界产业链中扮演着重要的国际分工角色。三是木质林产品出口影响因素研究。赫克歇尔-俄林-瓦尼克(Heckscher-Ohlin-Vanek,HOV)模型对 1995~2007 年欧盟国家林业资源禀赋与木质林产品贸易关系的实证研究表明,林业资源禀赋对欧洲国家木浆、纸制品和木质家具的国际贸易影响显著(Koebel,Levet,Nguyen-Van,et al,2016)。引力模型对 1995~2004 年中国木质林产品出口贸易的实证测算表明,中国林业自身资源禀赋特点及采伐限制政策影响着其木质林产品出口贸易模式,中国大量进口了木材产品进行加工生产,其生产的低附加值木质林产品再出口至国外。但在人民币升值、物流成本上升及贸易壁垒增多的背景下,中国木质林产品进口和出口都可能有所减少(Zhang,Li,2009)。1992～2006年中国木质林产品出口增长动因主要是竞争力提升效应,市场结构效应是负值。此实证研究基于中国木质林产品对美国、日本、德国、法国等10个国家(地区)市场出口的分析得出,这一期间中国木质林产品对这10个市场的出口份额累计达84%(顾晓燕,聂影,2010)。如今中国木质林产品出口市场进一步分散,对同样这10个市场的出口份额累计已下降至不足70%,中国开始对新兴经济体、"一带一路"国家(地区)市场进行贸易潜力挖掘,本书将用最新数据对近年来的中国木质林产品出口增长动因进行进一步剖析。值得指出的是,中国木质林产品出口影响因素的现有相关研究文献存在数据偏旧、有关出口林产品细分类别也不够全面等问题。本书采用修正的CMS模型对2002～2016年中国木质林产品出口波动成因进行实证分析,将木质林产品类别扩大为14大类、30小类,较之以往国内文献有所细化及增加。

此外,考虑到活性炭是中国主要出口林产品,其出口贸易结构与竞争力也成为本书主要研究内容之一。活性炭属于国际重要环保产品,也是我国主要出口林化产品之一。中国是全球活性炭传统生产与出口大国,活性炭产地主要集中于江西、福建、浙江等林业资源丰富地区,2015年中国活性炭出口额达3.95亿美元,出口额居世界第一。活性炭是一种黑色多孔的固体炭质,是由高含碳原料(如木屑、竹屑、果壳等)经高温炭化和活化制得的优良吸附剂,广泛应用于家居、汽车环保及水净化等工业及家用领域。在环保因素日益重要的大趋势下,活性炭的国内外市场需求量呈逐年快速增长态势,可见我国活性炭产品出口创汇及产业发展的潜力很大。虽然中国活性炭产品在国际市场长期具有竞争优势,但近年来国际形势多变,加之中国活性炭产业发展本身也存在诸多不足,导致中国活性炭产品的出口竞争力明显下降。因此,有必要对中国活性炭产品出口贸易特征及结构演进情况进行深入分析。曹旭平、张丽媛(2011)基于1998～2009年的数据,从"钻石模型"角度分析我国活性炭的国际竞争力;赵欣、万志芳(2015)分析了2004～2013年我国活性炭产品的国际贸易数据,发现我国活性炭产品出口竞争力在明显下降。本书基于较新的数据及相关评价指标深入分析我国活性炭出口贸易特征、出口结构与竞争力演进情况。

三、环境产品出口增长与技术结构升级研究背景及综述

(一)环境产品技术结构测度研究

环境产品指为水、空气、土壤的破坏及废弃物、噪声、生态系统的问题提供测量、防治与限制功能的产品(龚清华,2014)。进入 21 世纪以来,全球气候变暖、环境污染等问题日益突出,各国对环境产业的发展也越发重视。与此同时,世界环境产品贸易也以超过货物贸易的速度增长,对保护人类环境与推动各国经济发展做出了巨大贡献(温珺,尤宏兵,2017)。中国是世界环境产品贸易发展的重要推动力,2016 年其环境产品出口额占世界出口额的 10.92%,居世界第一。但出口世界第一不再是新鲜话题,中国自 2001 年加入世界贸易组织以来,利用其丰富的劳动力资源禀赋优势积极融入经济全球化进程,诸多产业出口量均已领先世界(戴翔,张二震,2017)。经济理论与国际发展经验都表明,出口大国不代表贸易强国。如果没有结构转变,可持续的经济增长将无法实现,出口技术结构升级对开放型经济发展更具价值(魏浩,2015)。樊纲、关志雄、姚枝仲(2006)研究发现,中国出口品结构中低附加值产品比重呈下降趋势,中等技术水平产品逐渐成为出口主力军,出口技术结构水平在不断提高。那么,中国环境产品出口技术结构处于什么样的发展水平呢?其演进过程及动因是否与中国出口技术结构变化相似呢?本书将实证测算中国环境产品技术结构水平变化情况。

前期文献研究主要集中于贸易自由化、环境产品清单与出口技术测度。Wan 等(2018)认为环境产品贸易自由化能对全球环境产生积极溢出效应。2001 年 WTO 多哈宣言也启动了环境产品贸易自由化谈判,但各成员在谈判方式、产品清单、差别待遇等问题上有分歧,谈判进展缓慢。尽管如此,区域环境产品谈判一直如火如荼地进行,每年上报的 WTO 区域贸易协议(Regional Trade Agreement,RTA)数量不断增长,其中多数协议涉及环境产品关税减免议题。2012 年亚洲太平洋经济合作组织(Asia-Pacific Economic Cooperation,APEC)领导人宣言又提出包含 54 个六位税号的环境产品清单,

就降低环境产品关税达成共识。该清单较之 OECD 清单(Steenblik,2003)有大幅精简,并增加了清洁技术与可再生能源类产品。2014 年,美国、中国、欧盟等 14 个 WTO 成员以 APEC 清单为基础启动新一轮环境产品协议谈判,探讨全球环境产品贸易自由化问题。迄今为止,WTO 环境产品谈判尚未达成最终清单。考虑到当前 WTO 环境产品协议谈判以 2012 年 APEC 环境产品清单为基础,本书也基于此清单测算环境产品出口技术水平。

对于出口技术测度,关志雄(2002)提出了技术附加值法;Lall 等(2006)提出了复杂指数测定法,杜修立等(2007)对该方法进行了修正;Hausmann 等(2007)提出用"产品对应的收入水平"(PRODY)来测定产品劳动生产率水平,也称为技术复杂度。这些方法思路相近,共同之处在于都是先确定单类产品的技术含量水平,然后再推算经济体整体技术水平;不同之处在于赋值权重及方法,关志雄(2002)与 Lall 等(2006)的方法的赋值权重为各国各类产品出口的世界份额,杜修立等(2007)的修正方法的赋值权重为各国各类产品生产的世界份额,Hausmann 等(2007)的方法赋值权重为各国各类产品标准化后的出口比较优势指数。相对来说,Hausmann 等(2007)的技术复杂度方法应用更为普遍,研究数据可获取性更高,本书也采用此方法测算中国环境出口技术水平的动态变迁。此外,技术复杂度的有关 PRODY 分类标准有差异,主要方法有魏浩(2015)的最优分割法、邓琳琳等(2017)的相对值分割法与汤碧(2012)的按类别分类法。魏浩(2015)的最优分割法将 PRODY 数据进行排序,然后根据需要确定类别数,易导致人为缩小(或扩大)样本间技术差异,汤碧(2012)的按类别分类法也含有诸多主观意愿。本书基于前人文献研究基础,采用技术复杂度实证测算中国环境产品出口技术水平,并进行国际比较。其中,环境产品界定以 2012 年 APEC 环境产品清单为标准,技术复杂度分类采用相对值分割法。此外,考虑到可再生能源产品为重要环境产品,本书还会对可再生能源产业范畴界定及出口技术结构变迁进行分析。

(二)可再生能源产品出口增长研究

可再生能源是重要环境产品,指煤、石油、天然气等传统能源之外的能源，如太阳能、风能、生物质能和核能等，具有资源分布广泛、可再生、不含碳或含碳量很少、环境影响小、分布广等特性。伴随着传统能源资源稀缺、全球气候变暖和环境恶化问题的日益突出，合理开发及利用可再生能源成为世界可持续发展的有效路径。虽然当前可再生能源占世界能源使用量的比重较低，但随着可再生能源利用技术的不断进步，可再生能源替代传统能源是大势所趋。2016 年发布的《可再生能源发展“十三五”规划》明确提出要加快建立清洁低碳、安全高效的现代能源体系，实现 2020 年非化石能源占一次能源消费比重 15% 的目标。近年来，中国可再生能源产业发展速度位居世界前列，其优势主要集中于加工制造领域。如今中国已成为全球最大的可再生能源投资国、可再生能源汽车保有量国、光伏发电装机容量国、可再生能源产品生产及消费国，但风电、多晶硅等领域则出现严重的产能过剩现象，因此出口贸易对中国可再生能源产业发展就显得尤为重要。

有关可再生能源产业出口贸易的研究主要包括：(1)可再生能源产品贸易及影响因素研究。Zhao 等(2017)基于 Haggett 认知空间模型分析了 1996 ~ 2015 年全球光伏电池贸易，发现多数光伏电池出口商分布在东亚和东南亚，光伏电池国际贸易强度呈增长态势。刘明(2015)利用空间引力模型测算了可再生能源产业贸易影响因素，发现可再生能源产业国际贸易额受贸易双方国家的国内生产总值(Gross Domestic Product，GDP)、消费总量和距离的影响，可再生能源产业出口额主要受本国的经济总量、出口对象国消费总量、本国消费总量以及距离的影响。(2)中国可再生能源产业出口竞争力研究。傅喻(2013)运用贸易竞争力(Trade Competitiveness，TC)指数对全球可再生能源出口贸易进行了实证研究，发现中国可再生能源产业出口竞争力水平较低，但中国可再生能源产业出口额在美国、欧盟及日本市场均逐年快速增长，中国可再生能源出口竞争力呈逐年增强态势，其仅分析四位协调制度(Harmonized System，HS)编码，可再生能源产业范畴定义偏广，将部分传统能源产品也纳入其中进行了分析。姜伟和王涛(2017)运用 logit 面板和面板模型分析法对 2004 ~2007 年中国可再生能源制造业企业 11 712 个样本的微观面板数据进行了实证测算，发现生产性补贴与可再生能源制造业企业的出口倾向和密集度都存在显著因果关系。卫迎春与张梅梅(2016)对环境产品出口贸易影响因素进行了动态分析,其中的再生能源设备属于可再生能源产业领域,其出口额比重仅次于废水处理产品,是中国第二大出口类环境产品。(3)可再生能源贸易政策及摩擦研究。为应对全球气候变化,各国普遍建立了可再生能源补贴扶持政策,这些政策对国际贸易产生了侵害,但也存在合理利用空间,2007 年以来的全球可再生能源产业争端案件主要以双反调查形式存在(李威,2018)。中国与美国在可再生能源产业发展上起点相近,两国已进入利益碰撞期。美国 301 调查主要争议在于中国对可再生能源产业的优惠措施是否属于《补贴与反补贴措施协议》所规定的专项性补贴,这是区分正当的经济社会政策和扭曲国际贸易的关键(陈爱蓓,2013)。王磊和陈柳钦(2012)运用博弈论分析了中国与美国在可再生能源领域的贸易摩擦,认为未来两国在可再生能源领域的贸易摩擦依旧表现出小规模、低级别特征,爆发大规模贸易战的可能性不大。综上所述可知,可再生能源政策、出口贸易与贸易壁垒是学者们关注的热点,中国可再生能源出口竞争力提升与发达国家的贸易壁垒措施也将进行常态化博弈,而有关可再生能源产业界定、中国可再生能源出口增长成因方面的研究涉及较少。本书基于联合国商品贸易统计数据库(United Nations Commodity Trade Statistics Database,UN COMTRADE),界定出可再生能源产业范畴,并采用修正的 CMS 模型对中国可再生能源产业出口增长特征及影响因素进行实证测算,以期为中国可再生能源出口可持续、健康增长提供信息参考。

四、中国出口增长与结构优化研究背景及综述

2017 年中国进出口总额达 4.28 万亿美元,同比增长 14.2%,增幅创 6 年新高,超越美国,再次成为世界第一贸易大国。其中,出口额为 2.36 万亿美元,同比增长 10.8%,贸易顺差为 4 400 万美元。但贸易大国不代表是贸易强国,中国加工贸易出口额比重依旧偏高,许多出口依然主要是由低成本劳动力资源比较优势驱动的,在发达经济体市场萎缩、国际市场准入条件越

来越苛刻、国际贸易保护主义加剧、国内生产要素及人力资本价格上涨等背景下,中国出口面临着巨大挑战。本书将深入剖析中国出口演变特征,采用修正的 CMS 模型对中国出口波动影响因素进行分解。

中国对区域全面经济伙伴关系(Regional Comprehensive Economic Partnership,RCEP)其他国家出口波动的成因也是重要研究内容之一。2012 年 11 月,中国、日本、韩国、印度、澳大利亚、新西兰、东盟十国领导人在柬埔寨共同发布《区域全面经济伙伴关系协定》谈判启动声明。2018 年 4 ~5 月,在新加坡举行的 RCEP 第 22 轮谈判取得积极进展,会议强调各方将按照《区域全面经济伙伴关系协定谈判指导原则》,齐心协力,推动谈判尽早结束。在全球经济低迷、贸易保护主义抬头、美国退出跨太平洋伙伴关系协定(Trans-Pacific Partnership Agreement,TPP)、中美贸易摩擦升级、WTO 多边谈判破裂等诸多因素作用下,《区域全面经济伙伴关系协定》有望加快签署。2016 年 RCEP 的 16 个国家人口规模约占世界一半,总产出及贸易额均接近全球的三分之一,吸引全球五分之一的外商直接投资,区内国家以新兴经济体为主,市场发展潜力巨大。中国与 RCEP 其他国家贸易关系日益紧密,加入世界贸易组织以来对其出口总体呈现增长态势,但 2008 ~2009 年、2014 ~2016 年中国对 RCEP 其他国家出口却出现明显下滑。中国对 RCEP 其他国家出口为何会出现波动?其波动特征还有哪些?哪些因素推动或制约着中国对其出口贸易发展呢?各因素在不同阶段又发挥着何种作用?如何使中国对 RCEP 其他国家的出口持续、健康增长?这些问题值得进一步分析与讨论。相关学者对 RCEP 发展及其对中国经济的影响进行了研究。RCEP 将助推中日韩自由贸易协定谈判进程,并激发亚洲经济发展新动力(周晓剑,宋思源,2016);东亚地区对美国曾经主导的 TPP 充满戒心和担忧,RCEP 将与 TPP 展开强烈竞争(陈淑梅,全毅,2013);中国与 RCEP 其他成员国相比,开放度对中国农产品竞争力影响程度最显著(孙立芳,陈昭,2018)。本书将深入剖析 2002 ~2016 年中国对 RCEP 其他国家出口波动特征,采用 CMS 模型对出口波动影响因素进行分析,以便了解中国对 RCEP 其他国家出口竞争的优势及不足之处,为中国与 RCEP 其他国家贸易良性发展提供参考信息。

此外，近几年的中国对外贸易基本呈小幅下降之势，且已进入“稳增长、调结构”时期，确保外贸与产业结构的协调互动发展成为更重要的目标。因此，有必要对我国进出口商品结构演变及合理度进行深入分析。进出口商品结构合理化评价标准一定要避免盲目追求高级化的弊端，而是应该注重是否符合本国产业结构优化及经济健康发展的要求。进出口商品结构和产业结构是互为影响及制约的两个因素，因此对我国对外贸易产品结构进行合理度测算评价时必须结合相应的产业结构情况进行深入分析。投入产出理论是最早由美国学者里昂惕夫提出来的，该方法基于瓦尔拉斯的一般均衡理论分析国民或部门经济体系中各部分之间投入产出的相互关系。相关国外学者对该理论进行了改进及更深入的应用研究。Hussain Anwar（1996）基于投入产出模型研究了森林工业部门与国民经济之间的关系。Clive Hamiliton（1997）构建了动态投入产出模型，预测可知国际原木需求快速增长导致印尼热带森林在 2020 年左右出现退化。Brain Cox 和 Ian Munn（2001）基于投入产出法测算了美国不同区域森林工业发展对经济贡献的大小。国内对投入产出理论的研究起步于 20 世纪 70 年代，运筹学家陈锡康组织编制了我国第一个国民经济投入产出表。此后，沈利生、吴振宇、杨翠红、刘慧等又进一步拓展了投入产出理论的应用领域。也有国内部分学者采用投入产出法对外贸商品结构合理度进行了实证分析。耿献辉（2010）利用 2007 年《中国投入产出表》测算了中国支柱产业与瓶颈产业，并测算出贸易结构合理度水平。薛健等（2010）利用投入产出平衡关系构建了外贸生产的诱发模型，测算出外贸对各产业的影响。以上均是利用投入产出法对进出口商品结构合理度及其与产业结构的影响的关系进行的实证研究。考虑到 2017 年《中国投入产出表》电子版尚未正式发行，故本书基于 2012 年《中国投入产出表》，采用推动力与影响力系数等相关指数实证测算我国外贸商品结构的合理性。

第二节　研究内容

全书共分为 6 章内容，具体结构与内容如下：

第一章为研究背景与理论基础。重点阐述了全书的研究意义、国内外研究综述、主要研究内容、研究方法，并对本书的创新点进行了归纳。

第二章为农产品出口增长与影响因素研究。在中美贸易中，农产品贸易成为两国贸易博弈的重要领域。该章相继采用多国修正的 CMS 模型与两国 CMS 模型分别对中国农产品出口波动特征及成因、美国农产品出口波动特征与成因、中美农产品贸易增长成因进行了深入分析。

第三章为林产品出口增长成因与结构优化研究。重点针对中国主要木质林产品的出口波动特征与影响因素进行了深入分析，并对中国主要非木质林产品——活性炭的出口结构与竞争力进行实证评价。

第四章为环境产品的出口增长与技术结构升级研究。可再生能源产品是主要环境类产品，该部分内容重点对中国可再生能源产品的出口增长及影响因素进行了实证分析，然后采用技术复杂度指数分别对中国环境产品、可再生能源产品的出口技术结构演变进行实证测算。

第五章为出口贸易增长与结构优化研究。首先，概括性地从国家全产业层面对中国出口贸易增长特征及影响因素进行实证分析，然后对中国进出口商品结构合理度进行实证测度。此外，考虑到近年来 RCEP 协定谈判进展顺利，该章还重点分析中国对 RCEP 其他国家出口贸易的特征及影响因素。

第六章为出口增长、结构优化与技术升级的相关对策建议。主要包括我国农产品、林产品、环境产品等出口增长的对策，活性炭等中国商品出口结构优化与竞争力提升对策，环境产品的出口技术结构升级对策。

第三节　研究方法

一、多国 CMS 模型

多国 CMS 模型应用于中国商品（包括农产品、林产品、可再生能源产品等）出口波动成因分析，本书以中国商品出口为例进行模型解释。

（一）CMS 模型

CMS 模型假设若一个国家（地区）某类或多类产品出口竞争力不变，那么其国际市场份额也不变。实际上一个市场某类或多类产品出口额与市场份额都在发生变动，此变动一定是由国际市场需求总量变动、不同进口国需求结构或出口国产品竞争力变化引起的（夏晓平，隋艳颖，李秉龙，2010）。Tyszynski（1951）率先引入该模型对全球制造商品贸易进行实证研究，李常君（2006）等人相继修正了该模型。CMS 模型计算公式为：

$$V^2 - V^1 = rV^1 + \sum_{i=1}^{m}(r_i - r)V_i^1 + \sum_{j=1}^{n}\sum_{i=1}^{m}(r_{ij} - r_i)V_{ij}^1 + \sum_{i=1}^{m}\sum_{j=1}^{n}(V_{ij}^2 - V_{ij}^1 - r_{ij}V_{ij}^1) \tag{1-1}$$

用中国出口指标解释式（1－1），V 表示中国出口额，其上标 1、2 分别代表时间起点、截止点，$V^2 - V^1$ 表明中国商品出口额变动情况。i 表示中国第 i 类出口产品，m 为产品类别个数，V_i 表示中国第 i 类产品出口额。j 表示中国产品出口第 j 个目标市场，n 为市场个数，V_{ij} 表示中国第 i 类产品向第 j 个市场出口的金额。r 表示某期世界产品进口增长率，r_i 表示同期世界第 i 类产品进口增长率，r_{ij} 表示同期第 j 国对第 i 类产品的进口增长率。式（1－1）左边代表中国出口变动情况，式（1－1）右边由四部分相加，即中国出口变动可分解为四部分。rV^1 表示世界总需求对中国出口的影响，即市场规模效应，其数值越大，表明世界市场需求扩张对中国出口的推动效应越大；$\sum_{i=1}^{m}(r_i - r)V_i^1$ 表示世界进口需求结构相对变动对中国出口的影响，即产品结构效应；$\sum_{j=1}^{n}\sum_{i=1}^{m}(r_{ij} - r_i)V_{ij}^1$ 表示各目标市场进口需求相对变动对中国出口的影响，即市场分布效应；$\sum_{i=1}^{m}\sum_{j=1}^{n}(V_{ij}^2 - V_{ij}^1 - r_{ij}V_{ij}^1)$ 表示产品竞争力变化对中国出口的影响，即竞争力效应。

（二）CMS 模型的不足之处

1. CMS 模型计算公式右边第 3 项市场分布效应有待分解

式(1－1)中 $\sum_{j=1}^{n}\sum_{i=1}^{m}(r_{ij}-r_i)V_{ij}^1$ 的实际意义是各出口目标市场对各类别产品进口需求的相对变动之和对中国出口的影响，而市场分布效应需反映的是各出口市场对所有产品进口需求相对变动对中国出口的影响（李海鹏、张俊飚、朱信凯，2007），因此需进一步分解掉各个目标市场第 i 类产品进口增长率变动影响。

2. CMS 模型计算公式右边第 4 项竞争力效应也有待细化

出口产品竞争力由许多要素决定，比如原料成本、技术水平、管理效率等等，这些因素该模型难以细化。但竞争力高低是相对的，看竞争对手实力如何，也要看产品进入市场情况，同一类产品出口竞争力在不同市场是不一样的。

（三）修正的 CMS 模型

修正的 CMS 模型能较好地解决上述问题，即对式(1－1)中市场分布效应项和竞争力效应项进行再分解。将中国所有出口市场看作一个整体，则公式(1－1)简化为：

$$V^2-V^1=rV^1+\sum_{i=1}^{m}(r_i-r)V_i^1+\sum_{i=1}^{m}(V_i^2-V_i^1-r_iV_i^1) \qquad (1-2)$$

由于将出口市场看成了一个整体，因此式(1－2)形式上无市场分布效应项，实际上中国产品依旧向许多市场出口，市场分布效应被包含在产品结构效应中。将所有产品看成一种产品，引入 r_j、V_j 两项指标，其中 r_j 表示一定时期内第 j 个市场所有产品进口增长率，V_j 表示同期中国产品出口到第 j 个市场的总金额，用以消除上文第 1 点市场分布效应有待进一步分解的不足。则式(1－1)可简化为：

$$V^2-V^1=rV^1+\sum_{j=1}^{n}(r_j-r)V_j^1+\sum_{j=1}^{n}(V_j^2-V_j^1-r_jV_j^1) \qquad (1-3)$$

式(1－3)将所有产品看成一种产品，故式(1－3)形式上无产品结构效应项，实际上中国产品出口依旧有许多类型，产品结构效应包含于市场分布效应中。将式(1－2)与式(1－3)相加可得式(1－4)：

$$V^2 - V^1 = rV^1 + \frac{1}{2}\sum_{i=1}^{m}(r_i - r)V_i^1 + \frac{1}{2}\sum_{j=1}^{n}(r_j - r)V_j^1 + \frac{1}{2}\left[\sum_{i=1}^{m}(V_i^2 - V_i^1 - r_iV_i^1) + \sum_{j=1}^{n}(V_j^2 - V_j^1 - r_jV_j^1)\right] \tag{1-4}$$

考虑到两式相加时市场结构效应与产品结构效应都被重复计算了，因此式(1－4)右边2、3项均除以2，得到单次的市场结构效应与产品结构效应。这样，式(1－4)与式(1－1)的主要差异表现在最后一项竞争力效应上，式(1－1)的竞争力效应只有一项，而式(1－4)最后一项为两个分项相加，这两个分项能否反映竞争力效应呢？首先对式(1－4)中第一分项进行推导。令π_i表示中国产品一定时期内出口第i类产品的增长率，则：

$$V_i^2 - V_i^1 - r_iV_i^1 = V_i^1(1+\pi_i) - V_i^1 - r_iV_i^1 = \pi_iV_i^1 - r_iV_i^1 = (\pi_i - r_i)V_i^1 \tag{1-5}$$

式(1－5)系数项为$\pi_i - r_i$，其含义是将中国产品同期第i类产品出口的增长率与世界第i类产品进口的增长率进行比较。同期某产品世界进口总量与出口总量相等。因此，$\pi_i - r_i$的经济学意义为中国产品同期出口第i类产品增长率与世界第i类产品出口增长率之差。$\pi_i - r_i$的值大于0表明中国第i类产品国际市场竞争力强于世界平均水平，正差值越大，竞争力越强；$\pi_i - r_i$的值小于0表明中国第i类产品国际市场竞争力弱于世界平均水平，差值绝对值越大，竞争力越弱。很明显，式(1－4)最后一项第一分项可较好地反映出中国产品竞争力。再对式(1－4)最后一项第二分项进行推导。令θ_j为中国产品某期向第j个目标市场出口的增长率，则：

$$V_j^2 - V_j^1 - r_jV_j^1 = V_j^1(1+\theta_j) - V_j^1 - r_jV_j^1 = \theta_jV_j^1 - r_jV_j^1 = (\theta_j - r_j)V_j^1 \tag{1-6}$$

式(1－6)系数项为$\theta_j - r_j$，其含义是将中国产品同期向第j个目标市场出口的增长率与第j个目标市场所有产品进口的增长率进行比较。同理，$\theta_j - r_j$可理解为中国产品同期向第j个目标市场出口的增长率与世界向第j个目标市场出口的增长率之差。$\theta_j - r_j$的值大于0，表明中国产品在第j个目标市场竞争力强于世界平均水平，正差值越大，竞争力越强；$\theta_j - r_j$ 的值小于0，表明中国产品在第 j 个目标市场竞争力要弱于世界平均水平，差值绝对值越大，竞争力越弱。很明显，式(1－4)最后一项第二分项可较好地反映出中国产品市场竞争力。综上推导可知，式(1－4)最后一项能很好地反映中国产品竞争力效应，还将竞争力效应进行了细分，正好消除了上文第2点的竞争力效应有待进一步分解的不足。因此，中国出口增长成因分析修正的CMS模型为：

$$V^2 - V^1 = rV^1 + \frac{1}{2}\sum_{i=1}^{m}(r_i - r)V_i^1 + \frac{1}{2}\sum_{j=1}^{n}(r_j - r)V_j^1 + \frac{1}{2}\sum_{i=1}^{m}(V_i^2 - V_i^1 - r_iV_i^1) + \frac{1}{2}\sum_{j=1}^{n}(V_j^2 - V_j^1 - r_jV_j^1) \qquad (1-7)$$

式(1－7)右边有5项，依次代表市场规模效应、产品结构效应、市场分布效应、产品竞争力效应与市场竞争力效应。与式(1－1)相比，修正的CMS模型有几个优点：一是较好地衡量了市场分布效应指标；二是细分了竞争力效应；三是减小了数据统计量，因为式(1－1)中 r_{ij}、V_{ij} 项的数据收集量很大。

二、出口技术结构分析方法

首先，设 k 为第 k 类出口产品，$PRODY_k$ 为第 k 类产品在世界层面出口的技术复杂度，计算公式为：

$$PRODY_k = \sum_j \frac{\frac{x_{jk}}{X_j}}{\sum_j \frac{x_{jk}}{X_j}} \times Y_j \qquad (1-8)$$

式(1－8)中 j 表示第 j 个产业出口国(地区)，$\frac{x_{jk}}{X_j}$ 表示第 j 国(地区)k 类产品出口额在该国(地区)所有产品总出口额中的比重，Y_j 表示第 j 国(地区)的人均GDP，$PRODY_k$ 为各国(地区)k 类产品出口额比重在世界中的权重与其对应的人均GDP乘积之和。

其次，对出口的技术复杂度进行分类。技术复杂度的分类方法有很多，如魏浩(2015)的最优分割法、邓琳琳与侯敏(2017)的相对值分割法、汤碧(2012)的按类别分类法等等。最优分割法将 *PRODY* 数据进行排序，然后根据需要确定类别数，易导致人为缩小(或扩大)样本间技术差异；按类别分类法又具有更多主观意愿。本书采用相对客观的相对值分割法进行技术分类，该方法的基本原理如下：

将 *PRODY* 数据从小到大排成有序样本 $(a_1, a_2, a_3, \cdots, a_n)$ ，假设该有序样本分成 k 类，则分类结果为：$[t_{i_1}, t_{i_1+1}, \cdots, t_{i_2-1}]$，$[t_{i_2}, t_{i_2+1}, \cdots, t_{i_3-1}]$，⋯，$[t_{i_k}, t_{i_k+1}, \cdots, t_{i_n}]$ ，其中，$1 = i_1 < i_2 < \cdots < i_k < i_n$ 。再定义上述某一类 $[t_i, \cdots, t_j](i < j)$ 的直径为 $D(i,j)$ ，$D(i,j) = t_j - t_i$ ，即为数列最大值与最小值之差。决策标准是分类后每一类的直径相等，即 $D(i,j)_1 = D(i,j)_2 = \cdots = D(i,j)_k$ 。

最后，计算产业整体出口技术水平 $EXPY_j$ ，其计算公式为：

$$EXPY_j = \sum_k \frac{x_{jk}}{X_j} \times PRODY_k \quad (1-9)$$

式(1-9)中 $EXPY_j$ 的经济学含义是第 j 国(地区)某产业所有产品的 *PRODY* 加权平均值之和，反映了一国(地区)该产业整体出口技术含量及竞争力水平。

三、出口贸易市场结构与竞争力评价指标

活性炭产品出口贸易市场结构与竞争力评价是本书重点量化内容，国内有关市场结构与竞争力测度方面的研究工具已较为成熟，组合运用可取得较好的分析效果。笔者借用出口市场集中率(Market Concentration Rate, MCR)、赫芬达尔-赫希曼指数(Herfindahl-Hirschman Index, HHI)分析中国活性炭出口市场结构演进特征。考虑一个产品的国际竞争力强弱，不仅要考察国际市场份额的大小，还必须考察是否具有较强的质量竞争力(附加值高低)。本书活性炭产品国际竞争力评价主要采用国际市场占有率(Export Market Possession Rate, EMPR)与单位价格(Unit Price, UP)两项指标。

(一)出口市场集中率

MCR 是指一年内我国活性炭产品对前 *n* 大出口市场的总出口额除以当年我国活性炭产品出口额:

$$MCR_n = \sum_{i=1}^{n} S_i \qquad (1-10)$$

式中 MCR_n 表示我国活性炭产品前 *n* 大出口市场的集中程度,S_i 表示我国活性炭产品对第 *i* 个市场的出口占比,*n* 为我国活性炭产品出口市场数。*MCR* 值变大,说明我国活性炭产品的出口市场集中率在提高,活性炭产品的出口市场结构呈现恶化趋势;*MCR* 值变小,说明我国活性炭产品的出口市场集中率在下降,活性炭产品的出口市场结构呈现优化趋势。该指标的不足在于其不能反映不同出口市场规模分布的差异,这就需要再通过 *HHI* 指数进行组合测算分析。

(二)赫芬达尔-赫希曼指数

HHI 是指一国或地区活性炭出口产品集中于某国或地区的程度:

$$HHI = \sum_{i=1}^{n} (X_i/X)^2 = \sum_{i=1}^{n} (S_i)^2 \qquad (1-11)$$

式中 *X* 表示活性炭出口总额,X_i 表示活性炭对第 *i* 个市场出口额。*HHI* 指数能很好地反映市场数量及相对规模情况,正好弥补了 *MCR* 的不足。*HHI* 值变小,表明前若干个出口份额较大市场出口额比重呈下降态势,活性炭产品出口市场结构在优化中;*HHI* 值变大,活性炭产品出口市场结构呈恶化趋势。

(三)国际市场占有率

EMPR 是指在一定时期内某国或地区活性炭产品出口额占世界活性炭产品总出口额的比重:

$$EMPR = XK / XW \qquad (1-12)$$

式中 *XK* 代表某国活性炭出口额,*XW* 代表全球活性炭总出口额。*EMPR* 值变大,意味着该国活性炭国际市场竞争能力在增强;*EMPR* 值变小,说明该国活性炭国际市场竞争能力呈弱化趋势。

（四）单位价格

UP 主要是指一定时期内某国活性炭产品的出口额与出口量的比值：

$$UP = EA / EQ \tag{1-13}$$

式中 EA 为某国活性炭产品出口额，EQ 为某国活性炭产品出口量。UP 值变大，说明该国活性炭产品质量国际竞争力呈增强态势；UP 值变小，说明该国活性炭产品质量国际竞争力呈下降趋势。

四、对外贸易结构合理度指数

本书借鉴投入产出模型，利用《中国投入产出表》，实证测算了我国进出口商品结构合理度演变情况。研究进出口商品结构合理度必须要考虑出口、进口商品结构对产业结构的影响是否合理，为此必须要识别产业结构中的支柱产业与瓶颈产业，本书使用投入产出分析模型识别我国的支柱产业和瓶颈产业，进而测算我国外贸商品结构的合理性。投入产出一般模型为：

$$\boldsymbol{X} = (\boldsymbol{I} - \boldsymbol{A})^{-1}\boldsymbol{Y} \tag{1-14}$$

式（1－14）中 $\boldsymbol{X}$ 代表总产出矩阵，$\boldsymbol{Y}$ 代表最终的需求矩阵，$(\boldsymbol{I}-\boldsymbol{A})^{-1}$ 是里昂惕夫逆矩阵，$\boldsymbol{A}$ 代表直接消耗系数矩阵，$\boldsymbol{I}$ 代表单位矩阵。

（一）计算投入产出模型的影响力系数与出口商品结构合理度指数

首先计算影响力系数，该指标主要测试某个产业对其他产业的影响力及拉动效果，对其他产业拉动效果突出的产业为支柱产业。设 T_j 为第 j 产业的影响力系数。

$$T_j = \frac{\sum_{i=1}^{n} b_{ij}}{\frac{1}{n}\sum_{j=1}^{n}\sum_{i=1}^{n} b_{ij}} \quad (i,j = 1,2,\cdots,n) \tag{1-15}$$

式（1－15）中的 $\sum_{i=1}^{n} b_{ij}$ 是里昂惕夫逆矩阵 $(\boldsymbol{I}-\boldsymbol{A})^{-1}$ 中第 j 列系数相加

值，$\frac{1}{n}\sum_{j=1}^{n}\sum_{i=1}^{n}b_{ij}$ 是 n 个列之和的平均数值。影响力系数计算值大于1，反映出该产业对国民经济其他产业的需求拉动力高于所有产业的平均水平。其中，影响力系数大说明产业对经济贡献也较大，这些产业称为国民经济支柱产业。

其次，计算出口商品结构合理度指数，设 EXT_j 为第 j 产业出口商品结构的合理度。

$$EXT_j = \frac{EX_j}{EX}T_j \quad (j = 1,2,\cdots,n) \tag{1-16}$$

式(1－16)中 EX_j 为第 j 产业商品的出口额，EX 是全产业商品的出口总额。设 EXT 为全产业商品的出口结构合理度之和。

$$EXT = \sum_{j=1}^{n} EXT_j \tag{1-17}$$

计算出的 EXT 值越大，说明此情况下的出口商品结构越合理。

（二）计算投入产出模型的推动力系数与进口商品结构合理度指数

首先，计算出推动力系数，该指标主要用来识别瓶颈产业，设 S_i 为第 i 个产业的推动力系数。

$$S_i = \frac{\sum_{j=1}^{n} b_{ij}}{\frac{1}{n}\sum_{i=1}^{n}\sum_{j=1}^{n} b_{ij}} \quad (i,j = 1,2,\cdots,n) \tag{1-18}$$

式(1－18)中 $\sum_{j=1}^{n} b_{ij}$ 是里昂惕夫逆矩阵 $(\boldsymbol{I}-\boldsymbol{A})^{-1}$ 中第 i 行的系数相加值，$\frac{1}{n}\sum_{i=1}^{n}\sum_{j=1}^{n}b_{ij}$ 是 n 个行之和的平均数值。推动力系数计算结果大于1，反映出该产业对经济的推动作用大于平均水平。推动力系数大的产业为瓶颈产业。

其次，计算出进口商品结构合理度指数，通过推动力系数可识别出国民经济中的瓶颈产业。如果各个产业部门的进口商品比重的排序与推动力系数的排序基本一致的话，那么此情况下的进口结构就比较合理。设 IMS_i 为第 i 个产业商品的进口结构合理度。

$$IMS_i = \frac{IM_i}{IM}S_i \tag{1-19}$$

式(1－19)中的 IM_i 为第 i 个产业的所有产品进口额，IM 为所有产业产品的总进口额。设 IMS 为进口商品结构合理度，则 IMS 就等于所有产业进口结构合理度之和。

$$IMS = \sum_{i=1}^{n} IMS_i \tag{1-20}$$

计算出的 IMS 越大，此情况下的进口商品结构也就越合理。

第四节　研究创新点

本书可能的创新点主要包括以下几点：

第一，产品范畴界定。当前，国内外有关木质林产品、可再生能源产品、环境产品的范畴界定并无统一明确的规范，本书在前期文献的界定基础上对这些产品的范畴界定进行了补充与完善，有利于提升研究结论的准确性，加大政策参考的价值。

第二，采用修正的 CMS 模型对美国农产品出口波动成因、中美农产品贸易波动成因等进行了实证研究，提出了中美农产品贸易健康发展的对策。

第三，基于生态产业的出口增长与技术升级系统研究，农林与环境产品均具有可持续、生态特征，其出口增长与技术结构升级的系统实证研究具有一定的创新性。

第五节　研究数据来源

为确保研究数据的一致性及准确性，本书分析数据主要来源于 UN COMTRADE。该数据库数据为公开数据，由世界各国陆续向联合国统计署汇报并录入系统，所以该数据库数据比较全面和详细。但由于部分国家的进出口细分数据上报有较长延迟，所以该数据库的完整数据一般有 1.5 ~2 年的滞后期。后文各图、表数据均源于此，不再单独标记。

值得指出的是，香港是中国的领土，但其以地区经济体身份加入了 WTO，在国际贸易中以单独经济体进行统计，联合国统计署与中华人民共和国国家统计局均将中国内地与香港之间的贸易统计为进出口贸易，故本书也将中国香港作为主要出口市场之一进行分析。后文中，中国的数据一般指中国内地的数据。

第二章

农产品出口增长特征及成因

第一节　中国农产品出口增长特征及影响因素

一、中国农产品出口增长特征分析

(一)中国农产品范畴界定与数据来源

学界对农产品范畴的界定无统一标准。WTO“农产品协议”将“商品名称及编码协调制度”(The Harmonized Commodity Description and Coding System)简称“协调制度”(HS)中 HS01 ~ HS24 商品视为农产品范畴,也有学者认为 HS 编码中 HS50 ~ HS53 商品也应包含于农产品中。笔者分析 HS50 ~ HS53 商品描述发现,这些产品主要为蚕茧、羊毛、棉花、亚麻等原料,的确属于农产品范畴。但如果将 HS50 ~ HS53 也加入农产品计算,UN COMTRADE 农产品数据显示 2016 年中国农产品出口额达到 904.51 亿美元,而国家统计局公布的 2016 年数据为 729.9 亿美元,相差较大。如果仅计算 HS01 ~ HS24,UN COMTRADE 的这一数值为 711.33 亿美元,与国家统计局公布的数据非常接近。因此,本部分农产品范畴界定为 HS01 ~ HS24 共 24 个细分类别。这 24 个类别又可归纳为 4 大类别:第一大类包括 HS01 ~ HS06,称为活动物及动物产品;第二大类包括 HS07 ~ HS14,称为植物产品;第三大类为 HS15,称为动植物油脂及其分解产品;第四大类包括 HS16 ~ HS24,称为食品饮料及烟酒。

(二)中国农产品出口规模波动特征

2002 ~2016 年中国农产品出口规模波动走势如图 2 -1 所示。

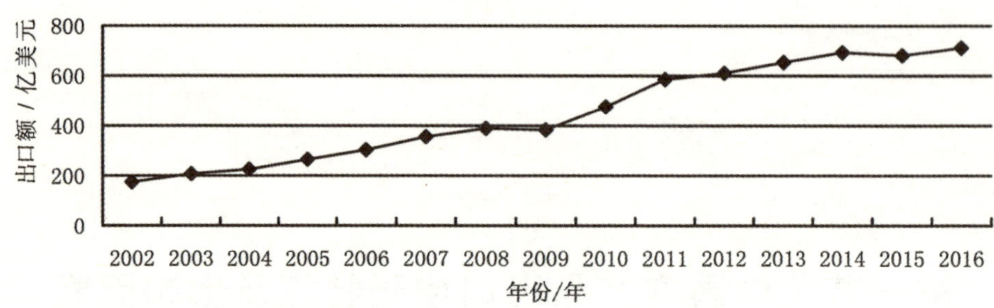

图 2 -1　2002 ~2016 年中国农产品出口额波动走势

由图 2 -1 可知,15 年里中国农产品出口额整体呈增长态势,出口额从 2002 年的 174 亿美元增长至 2016 年的 711.33 亿美元。统计显示,2002 年中国农产品出口额占其所有商品出口额的比重为 5.34%,到了 2016 年这一比重已经降至 3.37%,表明中国农产品出口增速要低于国家出口增长水平。从波动走势来看,2002 ~2008 年中国农产品出口呈平稳增长态势,但 2009 年出口额(382.17 亿美元)较之 2008 年(388.30 亿美元)小幅下跌,主要原因是受到了全球金融危机的大环境影响,全球市场对中国农产品的进口需求出现了下滑。2010 年以后的中国农产品出口额又恢复增长态势,但增速要低于 2002 ~2008 年这个阶段,2014 年出口额增长至 693.62 亿美元。但 2015 年出口额又降至 681.66 亿美元,2016 年的出口额增幅也较低,表明中国农产品出口正面临着严峻的市场挑战。

(三)中国农产品出口产品结构的变化

出口产品结构可反映中国不同类型农产品在国际市场的竞争优势及地位。中国不同类别农产品的出口额比重差异较大,只选取鱼及海产品、肉及甲壳动物、新鲜蔬菜等 13 类主要出口农产品数据进行出口产品结构演变分析,15 年里这 13 类主要出口农产品的累计出口金额占同期中国农产品总出口额的 87.70%,因此具有较强的代表性。2002 ~2016 年中国 13 种主要农产品出口产品结构如表 2 -1 所示。

表 2－1　2002～2016 年中国农产品的出口产品结构

单位:%

年份	19类 谷物粉制品	22类 饮料及酒	10类 玉米及谷物	5类 动物制品	21类 汤等混杂食品	23类 谷物残渣	9类 咖啡及茶等	12类 油料产品	8类 水果产品	20类 腌制蔬菜	7类 新鲜蔬菜	16类 肉及甲壳动物	3类 鱼及海产品
2002	2.61	3.43	9.48	3.76	2.65	2.35	3.17	5.40	3.19	10.10	10.82	13.37	16.51
2003	2.55	3.02	12.54	3.56	2.64	1.86	3.02	5.45	3.64	10.50	10.56	12.98	16.16
2004	2.90	3.31	3.29	4.34	2.73	2.23	3.85	5.32	4.08	11.47	11.29	15.52	18.04
2005	2.87	2.71	5.34	3.82	2.71	1.81	3.50	5.23	4.03	11.69	11.53	16.49	16.44
2006	2.85	3.61	3.44	3.30	3.02	1.71	3.27	4.38	4.25	12.52	12.30	18.18	15.70
2007	2.59	2.34	5.55	3.04	3.11	2.83	3.07	4.59	4.60	15.33	11.40	16.44	13.40
2008	2.56	2.22	1.73	3.52	3.19	4.17	3.39	5.26	5.42	15.04	10.87	15.55	13.34
2009	2.58	2.18	1.62	3.19	3.40	4.61	3.67	4.82	6.22	12.43	12.70	11.97	17.83
2010	2.44	2.09	1.13	2.85	3.27	4.10	3.48	4.30	5.63	11.64	15.70	12.31	18.49
2011	2.56	2.02	1.04	3.13	3.42	3.51	3.45	4.00	5.44	11.91	14.88	13.41	18.75
2012	2.45	2.27	0.73	3.37	3.64	4.80	3.18	4.30	6.17	12.38	11.30	14.65	18.53
2013	2.34	2.05	0.79	3.37	3.77	4.18	3.44	4.47	6.38	12.01	12.04	13.74	19.16
2014	2.27	2.38	0.64	3.31	3.90	4.70	3.54	4.49	6.23	11.01	11.86	12.81	20.29
2015	2.24	2.93	0.47	2.60	4.37	3.91	3.72	4.26	7.57	10.84	13.24	11.74	19.55
2016	2.22	3.10	0.60	2.49	4.51	3.89	4.19	3.76	7.71	10.32	14.83	11.16	19.27

由表2－1可知：一是鱼及海产品、肉及甲壳动物、新鲜蔬菜、腌制蔬菜等四大类产品分别位居中国农产品出口额前四位，15年里其年均出口额比重分别为17.43%、14.02%、12.35%和11.95%，累计达55.75%，表明中国农产品出口产品集中度较高。二是从分类农产品出口额比重波动走势来看，鱼及海产品、水果产品、汤等混杂食品、谷物残渣等农产品出口额比重整体呈增长态势，玉米及谷物、肉及甲壳动物等农产品出口额比重整体呈下降态势，其余类别农产品出口额比重波动不大。

（四）中国农产品出口市场分布的变化

中国农产品出口市场分布广泛，2002～2016年中国农产品出口排名靠前的市场分布如表2－2所示。

表2－2　2002～2016年中国农产品主要出口市场分布

单位：%

年份	澳大利亚	加拿大	中国香港	德国	印尼	日本	马来西亚	荷兰	菲律宾	韩国	俄罗斯	新加坡	西班牙	泰国	英国	美国	越南
2002	0.77	1.04	11.78	2.74	2.79	32.49	3.25	1.70	1.16	11.35	2.53	1.40	0.58	0.83	1.07	9.30	1.05
2003	0.90	1.11	10.64	2.87	2.37	28.94	3.23	1.72	1.41	12.12	2.74	1.14	0.65	0.86	1.26	10.00	1.47
2004	1.04	1.35	11.54	2.90	1.87	32.52	2.33	1.79	1.21	9.28	2.57	1.28	0.96	1.07	1.33	10.29	1.01
2005	1.02	1.43	9.94	3.41	1.51	29.58	2.60	1.98	1.19	10.61	2.62	1.12	1.40	1.11	1.42	10.63	1.07
2006	1.18	1.48	8.78	3.54	1.94	26.84	2.76	2.47	1.50	9.38	2.77	1.04	1.46	1.16	1.63	12.46	1.12
2007	1.24	1.56	8.55	3.73	2.44	23.16	2.92	2.69	1.52	9.94	3.28	0.95	1.54	1.40	1.60	12.43	1.27
2008	1.46	1.67	8.81	4.09	2.05	19.50	3.01	2.50	1.40	7.97	3.40	1.09	1.48	1.82	1.79	13.06	1.77
2009	1.45	1.72	9.21	3.81	2.68	19.84	3.17	2.34	1.87	7.24	2.90	1.11	1.43	2.18	1.68	12.27	2.43

续表

年份	澳大利亚	加拿大	中国香港	德国	印尼	日本	马来西亚	荷兰	菲律宾	韩国	俄罗斯	新加坡	西班牙	泰国	英国	美国	越南
2010	1.40	1.67	8.94	3.55	3.66	18.92	3.48	2.23	1.60	7.25	3.03	1.10	1.53	2.44	1.67	12.05	2.76
2011	1.49	1.55	9.59	3.28	3.55	18.51	3.58	2.09	1.58	6.95	3.16	1.07	1.54	2.92	1.59	11.36	3.45
2012	1.44	1.64	10.47	3.04	2.98	19.35	3.50	1.90	1.93	6.65	3.01	1.06	1.17	3.31	1.50	11.64	3.10
2013	1.50	1.45	11.70	2.88	2.50	16.94	3.97	1.89	2.15	6.56	3.03	1.26	1.24	3.87	1.57	11.05	3.47
2014	1.43	1.44	12.40	2.87	2.61	15.81	3.88	1.91	2.06	6.88	3.16	1.37	1.21	3.99	1.52	10.56	4.21
2015	1.36	1.42	12.91	2.76	2.42	14.78	3.65	1.91	2.40	6.26	2.50	1.35	1.23	5.44	1.49	10.65	4.92
2016	1.33	1.49	13.90	2.55	2.75	13.94	3.62	1.93	2.70	6.48	2.61	1.25	1.29	4.88	1.41	10.23	5.37
年均	1.27	1.47	10.61	3.20	2.54	22.07	3.26	2.07	1.71	8.33	2.89	1.17	1.25	2.48	1.50	11.20	2.56

由表2-2可知：一是中国农产品出口市场主要集中于日本、美国、中国香港与韩国，15年里这四大市场的年均份额分别为22.07%、11.20%、10.61%和8.33%，四大市场份额占比超中国农产品总出口额的一半以上，出口市场集中度较高。二是中国农产品对日韩市场的出口份额急剧下滑。中国农产品对日本市场的出口额下降速度最快，其市场份额从2002年的32.49%快速下降至2016年的13.94%，15年里下降了近60%，极大地限制了中国农产品的出口增速。对韩国出口额也呈下降态势，其市场份额从2002年的11.35%下降至2016年的6.48%，下降幅度也较大。与日韩市场形成鲜明对比的是，中国农产品对越南、泰国的出口额呈快速增长态势，对这两国出口的份额从2002年的1.88%上涨至2016年的10.25%，15年里增长了4.45倍，两国分别成为中国农产品出口的第五、第六大市场，与第四大市场韩国的份额差距也不大，它们为中国农产品出口增长做出重要贡献。

三是15年里中国农产品出口对上述17个国家(地区)出口的市场集中度呈下降态势,中国农产品对17个主要出口市场份额的累计值波动走势如图2-2所示。

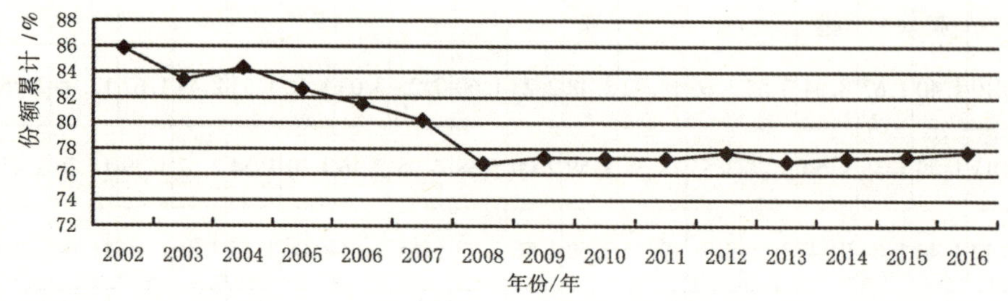

图2-2 2002~2016年中国农产品对17个主要出口市场份额的累计值波动走势

由图2-2可知,17个主要出口市场份额的累计值从2002年的85.83%下降至2016年的77.73%,表明中国农产品对其他市场的出口份额在快速增长,出口市场多元化趋势明显,尤其是加入世界贸易组织以来至2008年这段时间主要市场份额的累计值下降速度最快,表明这一期间的出口市场多元化步伐也较快,因此加入世界贸易组织对中国农产品拓展国际市场的作用是十分明显的。2008年以后主要市场累计值基本保持稳定,金融危机对全球经济体影响较大,因此市场进一步拓展的难度也增大了。此外,中国农产品对美国、德国、英国、荷兰、西班牙等西方发达经济体的出口份额几乎没有增长。

二、中国农产品出口波动影响因素测算与结果分析

(一)样本市场选取与时间段划分

中国农产品出口全球100多个国家(地区),农产品细分类别有24种,每类农产品出口到各个市场的数据时间跨度是15年,故分析数据量十分庞大,给统计研究带来很大难度。为便于数据获取及分析,本书选取澳大利亚、加拿大、中国香港、德国、印尼、日本、马来西亚、荷兰、菲律宾、韩国、俄罗斯、新加坡、西班牙、泰国、英国、美国、越南等17个主要出口国家(地区)作

为分析市场样本。UN COMTRADE 统计数据显示，2002～2016 年中国对这 17 个国家（地区）的农产品出口份额累计达 79.59%，因此选取的市场样本具有较强的代表性。CMS 模型分析对时间段划分有较高要求，一定要与出口数据波动节奏相对应，将数据特征相似的年份划为同一期，影响出口的重大经济事件也可考虑作为时间段划分点，以便提高模型分析的针对性及效果。参照图 2－1 中国农产品出口额波动走势，考虑到 2008 年是全球金融危机时间点，2009 年出口额小幅下滑，而 2010 年起出口额又恢复增长态势，2014 年增长至阶段高点，2014 年之后又出现出口额增长几乎停滞的阶段，故本部分将时间段划分为 2002～2008 年、2008～2009 年、2009～2014 年、2014～2016 年等四个时期。

（二）基础数据测算与整理

测算出日本、中国香港、美国、韩国等 17 个目标市场各期时间点从世界、中国进口农产品金额，分别用 R_j 和 V_j 表示，R_j 主要用来测算 $r_{j.}$ 指标。各期样本市场农产品进口金额如表 2－3 所示。

表 2－3　各期样本市场农产品进口金额

单位：亿美元

样本市场	2002 年		2008 年		2009 年		2014 年		2016 年	
	R_j	V_j	R_j	V_j	R_j	V_j	R_j	V_j	R_j	V_j
澳大利亚	29.26	1.34	84.96	5.65	80.26	5.53	144.32	9.91	133.85	9.48
加拿大	133.88	1.81	273.93	6.48	264.28	6.58	381.63	10.00	363.72	10.59
中国香港	63.86	20.49	132.16	34.22	145.89	35.19	293.52	86.00	282.37	98.87
德国	387.00	4.77	864.59	15.90	777.46	14.57	1 029.31	19.91	914.89	18.11
印尼	29.19	4.86	86.19	7.97	85.86	10.25	163.14	18.08	148.95	19.58

续表

样本市场	2002 年		2008 年		2009 年		2014 年		2016 年	
	R_j	V_j	R_j	V_j	R_j	V_j	R_j	V_j	R_j	V_j
日本	332.81	56.54	540.47	75.73	476.30	75.83	634.41	109.64	564.22	99.18
马来西亚	30.10	5.66	82.22	11.68	74.93	12.12	158.86	26.93	143.16	25.75
荷兰	223.85	2.96	559.61	9.70	487.23	8.95	683.00	13.22	591.65	13.74
菲律宾	28.90	2.01	76.33	5.42	64.44	7.14	123.80	14.29	116.82	19.18
韩国	77.56	19.75	166.45	30.93	147.53	27.68	271.66	47.70	261.31	46.06
俄罗斯	86.34	4.40	331.59	13.21	256.99	11.07	366.50	21.91	219.59	18.58
新加坡	31.93	2.44	406.76	4.23	67.37	4.23	133.45	9.50	115.41	8.86
西班牙	138.44	1.00	352.20	5.75	301.28	5.48	372.31	8.41	342.32	9.18
泰国	22.55	1.44	66.63	7.05	61.36	8.35	137.04	27.66	137.22	34.72
英国	273.31	1.86	592.86	6.95	512.44	6.44	646.63	10.58	581.03	10.05
美国	464.28	16.18	908.62	50.71	820.19	46.88	1 312.94	73.24	1 305.82	72.78
越南	10.90	1.82	61.47	6.87	75.77	9.29	258.22	29.22	290.13	38.18

测算出各细分农产品从世界、中国进口的金额，分别用 R_i 和 V_i 表示，R_i 主要用来测算 r_i 指标。测算出的各期分类农产品进口金额如表2－4所示。

表 2-4　各期分类农产品进口金额

单位:亿美元

产品名称	2002 年		2008 年		2009 年		2014 年		2016 年	
	R_i	V_i	R_i	V_i	R_i	V_i	R_i	V_i	R_i	V_i
1 类	87.42	3.44	166.27	5.07	156.34	4.42	222.56	5.86	193.70	6.47
2 类	401.62	6.65	919.77	7.98	834.28	7.64	1 181.74	11.82	1 045.11	9.02
3 类	465.08	28.73	808.00	51.81	735.66	68.14	1 072.19	140.74	1 033.91	137.05
4 类	259.58	1.94	669.40	6.21	554.97	3.40	944.12	5.86	699.80	5.90
5 类	36.98	6.54	70.73	13.67	65.04	12.18	99.44	22.93	80.15	17.72
6 类	99.13	0.43	177.19	1.49	152.44	1.88	191.65	4.10	176.02	3.30
7 类	229.30	18.83	499.02	42.22	472.76	48.53	658.81	82.26	673.71	105.46
8 类	339.05	5.55	784.81	21.04	733.58	23.79	1 102.69	43.18	1 136.00	54.85
9 类	111.73	5.52	316.68	13.15	293.07	14.03	461.18	24.53	452.73	29.81
10 类	279.29	16.50	1 075.14	6.73	761.44	6.18	1 131.18	4.45	875.95	4.29
11 类	45.00	1.18	147.97	5.40	134.63	4.66	179.55	6.12	161.11	5.65
12 类	205.56	9.40	726.14	20.43	616.08	18.44	1 067.31	31.14	900.61	26.74
13 类	23.28	0.77	48.89	4.42	44.76	5.17	76.51	13.06	63.31	12.58
14 类	4.19	0.44	7.90	0.66	7.60	0.59	11.25	1.04	11.06	1.21
15 类	196.51	1.08	854.76	5.95	647.64	3.30	913.62	6.45	815.11	5.84
16 类	163.01	23.27	353.88	60.36	330.95	45.76	454.92	88.82	399.47	79.42
17 类	139.81	2.27	325.16	6.77	325.55	7.71	442.20	15.40	409.96	17.07

续表

产品名称	2002年		2008年		2009年		2014年		2016年	
	R_i	V_i	R_i	V_i	R_i	V_i	R_i	V_i	R_i	V_i
18类	141.01	0.36	339.33	2.00	332.54	1.30	480.96	4.76	474.63	4.26
19类	175.24	4.54	449.17	9.93	427.50	9.85	627.37	15.73	616.33	15.79
20类	207.65	17.57	486.30	58.42	434.25	47.50	579.43	76.34	539.69	73.38
21类	179.39	4.61	466.97	12.38	452.67	12.99	638.78	27.08	617.62	32.05
22类	402.85	5.97	894.96	8.61	798.67	8.32	1 087.81	16.51	1 042.02	22.03
23类	209.51	4.08	567.88	16.19	513.48	17.63	828.04	32.60	672.89	27.68
24类	197.20	4.33	340.19	7.42	350.82	8.78	437.91	12.84	397.30	13.77
世界	4 599.39	174.00	11 496.51	388.31	10 176.72	382.19	14 891.22	693.62	13 488.19	711.34

（三）模型计算结果分析

将表2－3与表2－4的数据代入公式（1－7），得出中国农产品出口波动成因的修正的CMS模型计算结果，见表2－5。

表2－5　2002～2016年中国农产品出口波动成因的修正的CMS模型分析结果

出口增长动因	2002～2008年		2008～2009年		2009～2014年		2014～2016年	
	贡献量/亿美元	贡献率/%	贡献量/亿美元	贡献率/%	贡献量/亿美元	贡献率/%	贡献量/亿美元	贡献率/%
出口实际变动	214.31	100.00	－6.12	100.00	311.43	100.00	17.72	100.00
市场规模效应	260.93	121.75	－44.58	728.39	177.05	56.85	－65.35	－368.80

续表

出口增长动因	2002～2008年		2008～2009年		2009～2014年		2014～2016年	
	贡献量/亿美元	贡献率/%	贡献量/亿美元	贡献率/%	贡献量/亿美元	贡献率/%	贡献量/亿美元	贡献率/%
产品结构效应	-7.25	-3.38	5.63	-92.02	-3.37	-1.08	9.37	52.88
市场分布效应	-15.79	-7.37	5.79	-94.55	30.57	9.82	6.54	36.90
产品竞争力效应	-16.06	-7.49	13.60	-222.18	70.55	22.66	32.17	181.53
市场竞争力效应	-7.52	-3.51	13.44	-219.64	36.61	11.76	35.00	197.50

备注：由于各期年份跨度不一样，出口实际变动值也不一样，故各期效应值波动幅度有差异，不宜直接比较。

1. 市场规模效应对中国农产品出口波动的影响

由表2-5可知，世界市场规模效应对中国农产品出口波动影响较大，四个时期的最低贡献率也达到56.85%，最高的贡献率是2002～2008年这个时期达到的728.39%，表明国际市场需求对中国农产品出口影响较大。当国际经济与市场形势好时，国际市场需求对中国农产品出口拉动会非常有效；但当国际市场需求环境恶化时，国际市场需求对中国农产品的出口负面影响也会很大，这一点在2008～2009年这个时期表现得非常明显，金融危机导致2009年中国农产品出口下滑。2008年世界农产品需求市场规模为11 496.51亿美元，而2009年这一需求规模下降至10 176.72亿美元，下降了11.48%；与之相对应的是，中国农产品出口稳步增长的态势也在2009年中止。因此，金融危机不仅影响世界农产品需求，还严重波及中国农产品出口贸易。

值得一提的是，2002～2008年、2009～2014年这两个时期市场规模效应对中国农产品出口是产生正面影响的，其正面贡献率分别为121.75%与56.85%；相对而言，2008～2009年、2014～2016年这两个时期市场规模效应对中国农产品出口是起负面影响的，其负面贡献率的绝对值分别高达728.39%与368.80%，表明国际市场规模效应对中国农产品出口的负面影响很有可能比正面影响更大。因此，提高国际市场抗风险能力是中国农产品出口竞争力提升面临的重要问题。中国农产品出口受市场规模效应的影响较大这一现象也表明，一旦日本、韩国、欧美等主要农产品进口市场需求及政策发生变动，必将严重影响中国农产品出口贸易。

2. 结构分布效应对中国农产品出口波动的影响

结构分布效应是产品结构效应与市场分布效应的统称。从模型分析来看，四个时期的平均产品结构效应远小于市场规模效应，2014～2016年产品结构效应贡献量最高达到9.37亿美元，且有两个时期的贡献量为负值，对中国农产品出口的拉动作用有限，表明中国农产品出口的产品结构未能很好地适应世界增长较快的农产品进口需求结构变动。中国农产品出口的市场分布效应也不大，但发展走势要优于产品结构效应。从数据上分析，市场分布效应对出口的贡献量从第一期到第四期分别为－15.79亿美元、5.79亿美元、30.57亿美元、6.54亿美元，表明市场分布效应对出口的贡献呈现由负到正转换的趋势，市场分布效应在不断优化。虽然第四期的分布效应贡献量小于第三期，但其对同期中国出口农产品的贡献率（36.90%）却要高于第三期（9.82%），表明市场分布效应对中国农产品出口的整体拉动正效应越来越强。这种变化的主要原因是近年来中国农产品出口市场越来越多元化，国家不断拓展新的出口市场，并且新兴市场的进口持续增长拉动着中国农产品的整体出口增长。泰国、越南等一系列新兴经济体的市场分布效应贡献量多数时期为较大正值，表明这些市场对中国农产品的进口需求呈逐年增长态势，新兴市场增长的分布效应贡献量正效应大于日本、美国等传统主要市场由进口需求下滑而导致的分布效应贡献量负效应。

3. 竞争力效应对中国农产品出口波动的影响

2002～2016年四个时期竞争力效应贡献量分别为－23.58亿美元、27.04亿美元、107.16亿美元、67.17亿美元，除了2002～2008年这一期为负值外，其余三期对中国农产品出口的贡献量均为较高正值，且竞争力效应整体呈快速增长态势。值得关注的是，在2008～2009年与2014～2016年国际市场需求低迷及中国农产品出口停滞不前的两个时期，竞争力效应贡献量依旧为正值，可以说中国农产品出口整体竞争力呈向好发展态势。2014～2016年中国农产品出口竞争力效应贡献量为67.17亿美元，基本抵消了同期市场规模效应贡献量（－65.35亿美元）的负面影响，表明竞争力提升已逐步成为中国农产品出口稳定增长的主推动力。

比较中国农产品出口的产品竞争力效应与市场竞争力效应后发现，两者对中国农产品出口的影响差异不大。从分类产品竞争力效应的贡献率来看，第7类（新鲜蔬菜）、第8类（水果产品）、第9类（咖啡及茶等）、第20类（腌制蔬菜）等产品表现较好，四个时期均呈现较大正值，对中国农产品出口整体竞争力提升起到了关键作用。从市场竞争力效应的贡献率来看，中国农产品出口的市场竞争力效应主要来源于中国香港、日本、泰国、越南、菲律宾等，这些市场的竞争力效应多数年份为较大正值，表明中国农产品在这些市场具有较强的竞争力。以2014～2016年为例，中国农产品出口在中国香港、泰国、菲律宾、俄罗斯、越南等市场的竞争力效应贡献量依次为16.14亿美元、7.02亿美元、5.70亿美元、5.45亿美元、5.35亿美元，累计贡献量占当期中国农产品出口竞争力效应贡献量的比重为56.66%，充分表明这些市场对中国农产品出品的贡献较大，也是中国农产品出口潜力有待挖掘的主要目标市场。中国农产品出口在这些重点市场已具有较强适应性及竞争力，如果将来某个时间段中国农产品出口在重点市场竞争不利，则会大幅影响中国农产品出口的整体市场竞争力效应。

三、中国农产品出口增长成因总结

主要结论：一是中国农产品出口受世界市场规模效应影响较大，2008～2009年、2014～2016年世界市场进口需求的急速下滑很大程度上导致了同期中国农产品出口增长的停滞。中国农产品出口严重依赖世界市场，在当前全球经济增长缓慢及贸易保护主义抬头的背景下，中国农产品出口面临着巨大挑战。二是结构分布效应远小于市场规模效应，对中国农产品出口波动的影响相对较小，中国农产品出口的产品结构未能很好地适应世界增长较快的农产品进口需求结构变动；相比而言，市场分布效应对中国农产品出口的正面影响越来越显著，这主要得益于泰国、越南等新兴市场对中国农产品持续增长的进口需求，这些市场增长的分布效应贡献量正效应大于日本、美国等传统市场由进口需求下滑导致的分布效应贡献量负效应。三是竞争力效应对中国农产品出口的正面贡献越来越大，已逐步成为中国农产品出口稳定增长的主推动力，其影响力越来越接近市场规模效应；第 7 类（新鲜蔬菜）、第 8 类（水果产品）、第 9 类（咖啡及茶等）、第 20 类（腌制蔬菜）等产品竞争力较强，对中国农产品整体竞争力提升起到了关键作用。中国农产品市场竞争力效应主要来源于中国香港、日本、泰国、越南、菲律宾等，这些市场对中国农产品出口竞争力提升的贡献较大，将是未来出口潜力有待挖掘的主要目标市场。

第二节　美国农产品出口波动成因的动态分解

一、美国农产品出口贸易的波动特征

（一）美国农产品范畴界定与数据来源

分析 HS50 ~ HS53 商品描述发现，这些产品主要为蚕茧、羊毛、棉花、亚麻等原料，的确属于农产品范畴，中国也是美国 HS52 类棉花的主要进口国。故本部分研究的美国农产品范畴界定为 HS01 ~ HS24、HS50 ~ HS53 共 28 个细分类别。这 28 个细分类别又可以归纳为 5 大类别：第一大类包括 HS01 ~ HS06，称为活动物及动物产品；第二大类包括 HS07 ~ HS14，称为植物产品；第三大类为 HS15，称为动植物油脂及其分解产品；第四大类包括 HS16 ~ HS24，称为食品饮料及烟酒；第五大类包括 HS50 ~ HS53，称为动物毛及棉花。

（二）美国农产品出口规模波动特征

作为世界农业强国的美国，其农业生产率远高于世界平均水平，其国内

农产品的产能长期严重过剩,因此促进美国农产品出口一直是美国政府支持农业的重点方向。美国政府实施了如出口信用担保、市场开发项目、出口补贴项目等一系列财政补助措施支持农产品出口贸易,大大提升了美国农产品的国际市场竞争力。2002～2017 年美国农产品出口规模波动走势如图 2－3 所示。

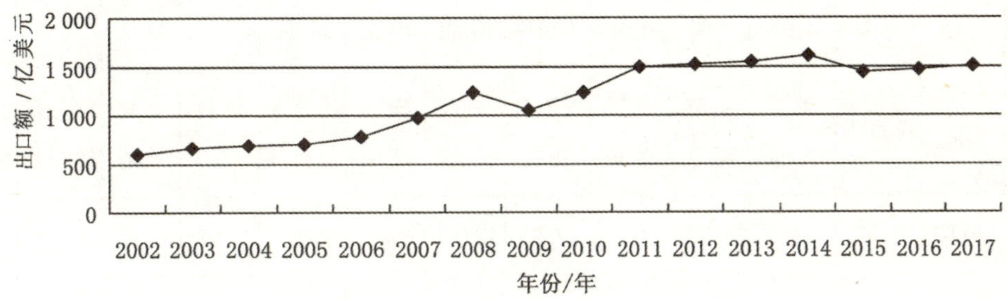

图 2－3　2002～2017 年美国农产品出口额波动走势

由图 2－3 可知,16 年里美国农产品出口额整体呈增长态势,出口额从 2002 年的 592.92 亿美元增长至 2017 年的 1 512.50 亿美元,增长了 1.55 倍。统计显示,2002 年美国农产品出口额占其所有商品出口额的比重为 8.56%,到了 2017 年这一比重已经增长至 9.78%,表明农产品出口在美国总出口中的地位越来越重要。从波动走势来看,2002～2008 年美国农产品出口走势平稳增长,但 2009 年出口额(1 055.91 亿美元)出现急剧下跌,比 2008 年下跌了 173.97 亿美元,主要原因是受到金融危机大环境影响,全球对美国农产品进口需求出现了下滑。2010 年后美国农产品出口额恢复增长态势,但增速低于 2002～2008 年这个阶段,2014 年美国农产品出口额达到了历史最高,为 1 614.90 亿美元。2015 年美国农产品出口额却又急剧下降了 171.94 亿美元,直至 2017 年美国农产品出口增速几乎接近于 0,表明美国农产品在国际市场竞争中面临着严峻挑战。

(三)美国农产品出口产品结构的变化

美国不同类别农产品出口额比重差异较大,本书选取玉米及谷物、油料产品、牲畜肉等 11 类主要农产品数据进行出口产品结构演变分析。16 年里这 11 类主要出口农产品累计出口额占同期美国农产品总出口额的

81.80%，因此具有较强的代表性。2002～2017年美国农产品的出口产品结构见表2－6。

表2－6　2002～2017年美国农产品的出口产品结构

单位：%

年份	2类	3类	7类	8类	10类	12类	20类	21类	22类	23类	52类
	牲畜肉	鱼及海产品	新鲜蔬菜	水果产品	玉米及谷物	油料产品	腌制蔬菜	汤等混杂食品	饮料及酒	谷物残渣	棉花及棉织物
2002	9.97	4.65	3.25	7.15	17.33	12.57	3.59	4.83	2.98	6.12	6.72
2003	10.28	4.44	3.11	7.23	16.14	14.67	3.20	4.78	3.04	5.50	7.92
2004	6.99	4.84	3.17	7.88	19.19	12.68	3.23	5.01	3.31	5.12	9.33
2005	8.67	5.24	3.46	9.14	16.26	11.93	3.44	5.41	3.28	5.26	8.41
2006	8.43	4.91	3.43	8.74	17.29	11.66	3.46	5.51	3.45	5.29	8.26
2007	8.58	3.98	3.10	7.63	21.72	13.04	3.11	4.52	3.51	5.22	6.55
2008	9.50	3.09	2.82	6.95	23.54	15.18	2.96	4.06	3.09	5.83	5.40
2009	10.01	3.34	3.22	8.25	16.50	18.52	3.31	4.73	3.41	6.79	4.66
2010	9.73	3.25	3.05	8.19	16.17	17.73	3.05	4.47	3.80	6.73	6.09
2011	10.31	3.41	2.64	7.90	19.03	14.25	2.96	4.20	5.25	5.74	7.43
2012	10.59	3.31	2.66	8.73	13.56	19.53	3.13	4.68	4.53	6.52	5.45
2013	10.52	3.32	2.85	9.40	13.13	17.43	3.28	5.18	4.50	7.62	4.94
2014	10.88	3.26	2.79	9.20	14.15	17.87	3.22	5.17	4.72	7.40	4.04

续表

年份	2类 牲畜肉	3类 鱼及海产品	7类 新鲜蔬菜	8类 水果产品	10类 玉米及谷物	12类 油料产品	20类 腌制蔬菜	21类 汤等混杂食品	22类 饮料及酒	23类 谷物残渣	52类 棉花及棉织物
2015	9.90	3.53	3.02	10.02	13.03	16.37	3.76	5.71	5.24	7.81	4.07
2016	10.00	3.39	3.20	9.59	12.96	18.89	3.44	5.89	5.27	6.75	3.87
2017	10.84	3.38	3.16	9.83	12.36	17.53	3.30	5.61	5.52	6.35	5.05

由表2－6可知：一是玉米及谷物、油料产品、牲畜肉、水果产品等四大类产品分别位居美国农产品出口前四位，16年里其年均出口额比重分别占16.40%、15.62%、9.70%和8.49%，累计达50.21%，占据所有出口农产品的半壁江山，美国农产品出口产品集中度非常大。二是从分类农产品出口额比重的走势来看，油料产品、水果产品、饮料及酒等农产品出口额比重整体呈增长态势，玉米及谷物、鱼及海产品、棉花及棉织物等农产品出口额比重整体呈下降态势，其余类别农产品出口额比重波动不大。

（四）美国农产品出口市场分布的变化

美国农产品出口市场分布广泛，2002～2017年美国农产品主要出口市场分布如表2－7所示。

表 2－7　2002～2017 年美国农产品主要出口市场分布

单位:%

年份	加拿大	中国	墨西哥	日本	韩国	中国香港	荷兰	印尼	越南	菲律宾	哥伦比亚	英国	印度	德国	泰国
2002	17.25	3.09	13.73	17.70	4.34	1.79	2.13	1.36	0.14	1.30	0.90	1.91	0.46	1.93	0.98
2003	16.79	7.15	13.15	16.55	4.39	1.51	1.87	1.49	0.15	0.94	0.83	1.78	0.48	1.77	0.99
2004	17.01	7.74	13.63	14.85	3.62	1.24	1.79	1.34	0.23	1.02	0.92	1.95	0.37	2.08	0.96
2005	18.17	7.09	14.42	14.13	3.23	1.19	1.81	1.35	0.27	1.13	1.02	1.93	0.42	1.88	0.91
2006	18.24	8.16	14.60	13.16	3.71	1.17	2.28	1.39	0.27	1.12	1.18	1.87	0.45	1.73	0.84
2007	17.30	8.26	1.74	11.99	3.63	1.11	1.74	1.56	0.46	1.12	1.28	1.64	0.47	1.69	0.86
2008	15.82	9.60	13.41	11.93	4.50	1.30	1.60	1.80	0.69	1.40	1.36	1.27	0.39	1.72	0.83
2009	17.80	12.33	12.62	11.57	3.73	1.99	1.37	1.69	0.88	1.22	0.85	1.26	0.63	1.44	0.96
2010	16.76	13.96	12.14	10.40	4.18	2.26	1.55	1.79	1.03	1.31	0.66	1.26	0.63	1.46	0.88
2011	15.87	12.65	12.83	10.26	4.63	2.28	1.75	1.88	1.08	1.41	0.74	1.31	0.48	1.22	0.87
2012	16.57	16.91	12.92	9.62	3.89	2.31	1.42	1.64	1.09	1.54	0.72	1.26	0.56	1.58	0.95
2013	16.98	16.20	12.26	8.61	3.40	2.54	1.46	1.81	1.40	1.68	1.00	1.22	0.58	1.65	0.90
2014	16.70	14.81	12.52	8.83	4.33	2.61	1.70	1.81	1.51	1.77	1.54	1.22	0.68	1.54	1.00
2015	17.88	13.99	12.73	8.55	4.36	2.56	1.91	1.51	1.64	1.69	1.69	1.44	0.86	1.77	1.19
2016	17.41	14.83	12.54	8.20	4.44	2.78	2.05	1.84	1.93	1.81	1.65	1.41	0.97	1.32	1.06
2017	17.18	13.17	12.72	8.50	4.73	2.95	2.33	1.90	1.79	1.77	1.73	1.26	1.23	1.18	1.17

由表2－7可知:一是美国农产品出口市场主要集中于加拿大、中国、墨西哥及日本,16年里四大市场年均份额分别为17.11%、11.25%、12.37%和11.55%,四大市场份额占比超美国农产品总出口额一半以上。二是从发展趋势来看,美国农产品对日本市场出口额逐年下降,其市场份额从2002年的17.70%快速下降至2017年的8.50%。与之形成鲜明对比,美国农产品对中国市场出口额呈快速增长态势,对中国市场出口份额从2002年的3.09%上涨至2017年的13.17%,16年里增长了3.26倍,中国超越墨西哥成为美国农产品第二大出口市场。随着中国经济及居民消费能力快速增长,美国农产品在中国市场潜力巨大,中国已是美国大豆、玉米、棉花的主要出口国。长期来看,中国市场开放度越来越高,其消费潜力也在快速释放中,有望很快成为美国第一大农产品出口市场。据悉,由于近几年中国对美国及世界油料产品的进口需求旺盛,许多美国农户扩大了大豆种植面积。三是美国农产品对越南、泰国、印尼、中国香港等亚洲市场出口份额也呈小幅增长态势,对墨西哥、德国、英国、荷兰等市场出口份额呈小幅下降之势,对加拿大、韩国等市场出口份额保持稳定。

二、美国农产品出口波动影响因素测算与结果分析

(一)样本市场选取与时间段划分

本部分选取加拿大、中国、墨西哥、日本、韩国、中国香港、荷兰、印尼、越南、菲律宾、哥伦比亚、英国、印度、德国与泰国等15个目标市场作为分析市场样本。统计显示,2017年美国对15个目标市场农产品出口份额累计达74%,2002～2017年出口份额累计年均值达70%,选取的市场样本具有较强的代表性。由于2017年部分国家农产品进口数据未及时上报联合国统计署,因此2017年各农产品进口数据不足,故本部分修正的CMS模型采用2002～2016年的数据。参照图2－3美国农产品出口额波动走势,考虑到2008年是金融危机时间点,2009年出口明显下滑,而2010年起出口恢复增长态势,2014年增长至历史最高点,2015年出口又出现下滑现象,本部分将

时间段划分为 2002 ~ 2008 年、2008 ~ 2009 年、2009 ~ 2014 年、2014 ~ 2016 年等四个时期。

（二）基础数据测算与整理

测算出加拿大、中国、墨西哥、日本等 15 个目标市场各期时间点从世界、美国进口农产品的金额，分别用 R_j 和 V_j 表示，R_j 用来测算 r_j 指标。各期样本市场农产品进口金额如表 2－8 所示。

表 2－8　各期样本市场农产品进口金额

单位：亿美元

样本市场	2002 年		2008 年		2009 年		2014 年		2016 年	
	R_j	V_j	R_j	V_j	R_j	V_j	R_j	V_j	R_j	V_j
加拿大	145.23	102.31	276.26	194.52	264.20	187.96	377.59	269.66	358.37	255.31
中国	159.21	18.33	610.04	118.12	551.75	130.22	1 252.93	239.18	1 138.95	217.46
墨西哥	124.47	81.39	240.50	164.87	190.53	133.27	281.03	202.17	257.09	183.89
日本	480.34	104.95	698.51	146.76	608.46	122.20	732.89	142.64	667.75	120.28
韩国	114.03	25.70	219.30	55.37	181.27	39.35	300.56	69.88	286.82	65.05
中国香港	140.52	10.64	200.41	16.00	200.30	21.00	309.32	42.09	301.75	40.73
荷兰	205.24	12.63	526.78	19.67	451.92	14.50	663.78	27.49	600.75	30.03
印尼	45.18	8.04	104.66	22.17	100.62	17.85	201.12	29.26	185.20	26.94
越南	16.91	0.83	72.16	8.50	72.40	9.27	166.75	24.45	194.63	28.26
菲律宾	38.88	7.74	68.98	17.20	55.99	12.87	87.21	28.66	105.81	26.49

续表

样本市场	2002年		2008年		2009年		2014年		2016年	
	R_j	V_j	R_j	V_j	R_j	V_j	R_j	V_j	R_j	V_j
哥伦比亚	18.79	5.36	45.56	16.79	38.33	8.97	67.19	24.84	64.82	24.19
英国	344.79	11.32	664.10	15.67	553.79	13.29	707.06	19.64	621.77	20.68
印度	37.34	2.73	88.47	4.75	115.88	6.63	210.84	10.99	240.52	14.20
德国	437.94	11.42	890.00	21.16	803.19	15.25	1 037.81	24.94	908.80	19.38
泰国	42.35	5.80	98.57	10.23	80.98	10.19	140.00	16.15	143.95	15.56

测算出各细分农产品从世界、美国进口的金额，分别用 R_i 和 V_i 表示，R_i 用来测算 r_i 指标。各期分类农产品进口金额如表 2－9 所示。

表 2－9　各期分类农产品进口金额

单位：亿美元

产品名称	2002年		2008年		2009年		2014年		2016年	
	R_i	V_i	R_i	V_i	R_i	V_i	R_i	V_i	R_i	V_i
第1类	87.42	6.44	166.27	8.60	156.34	7.97	222.56	9.44	193.70	7.84
第2类	401.62	59.12	919.77	116.79	834.28	105.67	1 181.74	175.71	1 045.11	146.55
第3类	465.08	27.59	808.00	38.00	735.66	35.27	1 072.19	52.57	1 033.91	49.65
第4类	259.58	6.88	669.40	33.03	554.97	19.49	944.12	61.65	699.80	39.06
第5类	36.98	5.92	70.73	10.96	65.04	7.79	99.44	12.37	80.15	10.14

续表

产品名称	2002 年		2008 年		2009 年		2014 年		2016 年	
	R_i	V_i	R_i	V_i	R_i	V_i	R_i	V_i	R_i	V_i
第 6 类	99.13	2.70	177.19	4.43	152.44	4.05	191.65	4.21	176.02	4.27
第 7 类	229.30	19.28	499.02	34.68	472.76	34.01	658.81	45.12	673.71	46.90
第 8 类	339.05	42.42	784.81	85.49	733.58	87.09	1 102.69	148.58	1 136.00	140.65
第 9 类	111.73	3.51	316.68	7.64	293.07	7.40	461.18	12.25	452.73	12.20
第10类	279.29	102.75	1 075.14	289.49	761.44	174.19	1 131.18	228.51	875.95	190.00
第11类	45.00	6.43	147.97	9.22	134.63	9.09	179.55	9.36	161.11	8.78
第12类	205.56	74.51	726.14	186.72	616.08	195.58	1 067.31	288.62	900.61	277.03
第13类	23.28	2.86	48.89	4.91	44.76	5.14	76.51	6.05	63.31	5.56
第14类	4.19	0.28	7.90	0.23	7.60	0.61	11.25	0.32	11.06	0.30
第15类	196.51	19.28	854.76	47.53	647.64	35.04	913.62	34.01	815.11	31.95
第16类	163.01	9.34	353.88	14.60	330.95	15.26	454.92	24.09	399.47	21.60
第17类	139.81	6.36	325.16	12.94	325.55	12.01	442.20	22.68	409.96	19.14
第18类	141.01	6.54	339.33	11.83	332.54	11.62	480.96	21.17	474.63	20.33
第19类	175.24	14.70	449.17	27.83	427.50	28.51	627.37	42.55	616.33	40.56
第20类	206.83	21.31	486.30	36.38	434.25	34.99	579.43	51.94	539.69	50.48
第21类	180.22	28.66	466.97	49.98	452.67	49.94	638.78	83.44	617.62	86.36
第22类	402.85	17.67	894.96	37.98	790.52	36.01	1 087.81	76.26	1 042.02	77.20

续表

产品名称	2002 年		2008 年		2009 年		2014 年		2016 年	
	R_i	V_i	R_i	V_i	R_i	V_i	R_i	V_i	R_i	V_i
第23类	209.51	36.29	567.88	71.74	513.48	71.66	828.04	119.58	672.89	98.96
第24类	197.20	30.35	340.19	20.98	350.82	16.97	437.91	18.05	397.30	22.98
第50类	15.34	0.28	30.32	0.40	22.13	0.26	23.06	0.13	17.13	0.10
第51类	102.22	1.20	132.95	0.87	94.41	0.83	134.04	0.83	117.22	0.67
第52类	309.66	39.82	481.07	66.44	369.29	49.24	493.52	65.21	380.77	56.75
第53类	25.40	0.45	31.62	0.20	23.83	0.21	37.33	0.20	35.80	0.19
世界	5 052.02	592.92	12 172.47	1 229.88	10 678.23	1 055.91	15 579.17	1 614.90	14 039.11	1 466.20

（三）模型计算结果分析

将表2－8与表2－9的数据代入式(1－7)，得出美国农产品出口波动成因的测算结果，见表2－10。

表2－10　2002～2016年美国农产品出口波动成因的修正的CMS模型分析结果

出口增长动因	2002～2008 年		2008～2009 年		2009～2014 年		2014～2016 年	
	贡献量/亿美元	贡献率/%	贡献量/亿美元	贡献率/%	贡献量/亿美元	贡献率/%	贡献量/亿美元	贡献率/%
出口实际变动	636.96	100.00	－173.98	100.00	558.99	100.00	－148.70	100.00
市场规模效应	835.68	131.20	－150.98	86.78	484.63	86.70	－159.64	107.36
产品结构效应	94.28	14.80	－19.44	11.17	23.92	4.28	－16.89	11.36

续表

出口增长动因	2002～2008 年		2008～2009 年		2009～2014 年		2014～2016 年	
	贡献量/亿美元	贡献率/%	贡献量/亿美元	贡献率/%	贡献量/亿美元	贡献率/%	贡献量/亿美元	贡献率/%
市场分布效应	-70.87	-11.13	1.01	-0.58	43.74	7.83	19.01	-12.79
产品竞争力效应	-193.66	-30.40	7.94	-4.56	13.27	2.37	22.36	-15.04
市场竞争力效应	-28.47	-4.47	-12.51	7.19	-6.56	-1.17	-13.54	9.11

1. 市场规模效应对美国农产品出口波动的影响

由表 2-10 可知，世界市场规模效应对美国农产品出口波动影响较大，四个时期的最低贡献率也达到了 86.70%，最高的贡献率是 2002～2008 年这个时期达到的 131.20%，表明国际市场需求对美国农产品出口的拉动作用较大。当然，这也有不足的一面，当国际市场需求环境恶化时，其对美国农产品的出口影响也会很大，这一点在 2008～2009 年这个时期表现得非常明显，金融危机导致 2009 年美国农产品出口急剧下滑。2008 年世界农产品需求市场规模为 12 172.47 亿美元，而 2009 年这一需求规模下降至 10 678.23亿美元，下降了 12.28%；与之相对应的是，2008 年美国农产品出口额达 1 229.88 亿美元，但 2009 年这一数值仅为 1 055.91 亿美元，下降了 14.15%。因此，金融危机不仅影响世界农产品需求及出口，还严重波及美国农产品出口贸易，这种影响也会阻碍美国农产品竞争力提升及出口结构优化的推动作用。

美国农产品出口受市场规模效应的影响较大这一现象也表明，一旦中国、加拿大、墨西哥等主要农产品进口市场需求及政策发生变动，必将严重影响美国农产品出口贸易。此外，当前世界主要发达经济体的经济发展速度明显放缓，2014 年以来的世界农产品需求市场已经呈现萎缩态势，美国农产品出口面临着巨大挑战，新的市场增长点在哪里？从上文美国农产品出口市场结构演变态势也可看出，中国、越南、印尼等亚洲经济体对美国农产品的进口需求呈增长态势，其中尤以中国的增速最快，未来以中国为代表的新兴市场将是美国农产品出口稳增长的重要保障。

2. 结构分布效应对美国农产品出口波动的影响

结构分布效应是产品结构效应与市场分布效应的统称，从模型分析来看，四个时期的平均产品结构效应并不突出，2002～2008年产品结构效应对出口贡献率最高，达到14.80%，此后三个时期的贡献率呈下滑态势，且有两个时期的贡献量为负值，对美国农产品出口起到了负面的拉动作用，表明美国农产品出口的产品结构未能很好地适应世界增长较快的农产品进口需求结构变动。从分类产品结构效应的贡献量来看，第10类（玉米及谷物）、第12类（油料产品，主要是大豆）、第23类（谷物残渣）等主要类别农产品的正值较大，其他类别农产品的结构效应贡献量不大或为负值。

美国农产品出口的市场分布效应不大，但发展走势要大大优于产品结构效应。从数据上分析，市场分布效应对出口贡献率从第一期到第四期分别为-11.13%、-0.58%、7.83%、-12.79%，市场分布效应贡献量分别为-70.87亿美元、1.01亿美元、43.74亿美元、19.01亿美元，表明市场分布效应对出口的贡献是由负转正的，市场分布效应在不断优化。虽然第四期的市场分布效应贡献量小于第三期，但其对同期美国农产品的贡献率的绝对值却要大于第三期，因为美国农产品第四期出口是下滑态势，此情况下的19.01亿美元的正效应贡献量非常可贵，表明市场分布效应对美国农产品出口的整体拉动正效应越来越强。这种变化的主要原因是近年来美国农产品出口的国家（地区）市场越来越多元化，美国不断拓展新兴出口市场，并且新兴市场的进口持续增长拉动着美国农产品的整体出口增长。这一结论正好与前文出口市场结构的演变特征分析一致，中国、印尼、越南等一系列新兴经济体对美国农产品的进口需求呈逐年增长态势，新兴市场增长的市场分布效应贡献量正效应大于墨西哥、英国、德国等传统主要市场由进口需求下滑而导致的市场分布效应贡献量负效应。

出口市场多元化不仅使美国农产品长期过度依赖少数发达国家市场的局面有所改观，也进一步提升了美国农产品出口市场潜力，市场分布效应贡献演变充分说明加强与中国等新兴经济体合作对美国农产品出口的重要性。综合美国农产品出口波动的市场规模效应与结构效应分析来看，一旦新兴经济体市场拓展不顺，美国农产品出口市场规模效应与结构效应均会大受影响，反之则呈明显正增长。

3. 竞争力效应对美国农产品出口波动的影响

2002～2016年四个时期的竞争力效应贡献量分别为－222.13亿美元、－4.57亿美元、6.71亿美元、8.82亿美元，对美国农产品出口的正面贡献效应较小，2002～2008年这一期甚至为负值，整体来看，美国农产品出口竞争力表现并不强。值得关注的是，在国际市场需求低迷及美国农产品出口下滑的情况下，第四期的竞争力效应贡献量呈正值，可以说美国农产品整体竞争力呈向好发展态势。相比于市场竞争力效应，产品竞争力效应对美国农产品出口的影响要更大些，并且其发展态势较好，对美国农产品出口贡献率也在持续小幅上升。从分类产品竞争力效应贡献率来看，第2类（牲畜肉）、第4类（奶油、蛋及蜂蜜）、第8类（水果产品）、第22类（饮料及酒）等产品表现较好，多数时期为正值，对美国农产品竞争力提升起到关键作用。

值得关注的是，作为美国第一大出口农产品的第12类（油料产品）出口竞争力效应多数时期为负值，主要原因是近年来国际市场大豆等油料产品进口需求增幅要远大于美国油料产品出口增幅，尤其是美国主要竞争对手巴西大豆产量及出口量激增，对美国大豆起到了替代效应。美国农业部最近发布的《2018年1月世界油籽市场贸易报告》称，美国大豆出口步伐继续落后于去年，2018年9～12月美国大豆出口比去年同期减少14%，出口步伐放慢的主要原因在于中国。因为2018年美国对中国大豆出口量比2017年减少超20%，而美国对其他市场出口同比仅增加8%。竞争力是一种相对指标，可以说巴西大豆对美国大豆出口竞争力形成了极大挑战。

与产品竞争力效应贡献量情况相比，美国农产品出口市场竞争力效应贡献量表现更差，四个时期均为负值，表明市场竞争力效应对美国农产品出口起到了负面作用，导致美国农产品的市场竞争力下滑。15年里美国农产品出口的国际市场份额占比不断减少的现象充分验证了此结论，2002年美国农产品出口额为592.92亿美元，占同期世界市场份额的11.74%，此后四个时间点这一份额分别降至10.10%、9.88%、10.36%、10.44%。总体来看，美国农产品市场竞争力效应主要来源于中国、日本、韩国、印尼、越南等传统亚洲市场，其中尤以中国贡献值最大，其余市场大都为负值，表明美国农产品在中国市场具有较强的竞争力，但在其他市场的竞争力较弱。2008~2009年金融危机期间，美国农产品出口市场竞争力效应贡献量维持在-12.51亿美元，对其贡献量较大的市场依次为中国（23.39亿美元）、中国香港（5.01亿美元）、墨西哥（2.66亿美元）、加拿大（1.93亿美元）、泰国（1.79亿美元）、越南（0.74亿美元），其余市场竞争力效应贡献量多数为负值，也就是说金融危机时期这些市场对美国农产品出口的贡献率最大。同时也表明，美国农产品在这些重点市场已具有较强适应性及竞争力，如果某一个时间段美国农产品在某一重点市场竞争不利，则会大幅影响美国农产品市场竞争力效应。事实上最近几年美国政府、农产品生产企业对这些市场尤其重视，对重点市场都设立了专门的农产品出口营销及服务机构，并对国内农业生产实施各种补贴政策，以维持其国际市场的价格竞争力。

三、美国农产品出口波动成因总结

主要结论：美国农产品的国际竞争力并不强，中国市场则对美国农产品的市场规模效应、结构效应及竞争力效应起到了十分关键的正面作用。一是美国农产品出口受世界市场需求规模效应影响较大，2009年与2016年世界市场进口需求的急速下滑很大程度上导致了同期美国农产品出口额的两次下降，美国农产品出口严重依赖世界市场，在当今全球经济增长缓慢的背景下，美国农产品出口外部环境面临巨大挑战，贸易保护主义将进一步恶化美国农产品的出口贸易形势。二是产品结构效应对美国农产品出口波动影响不大，美国农产品出口的产品结构未能很好地适应世界增长较快的农产品进口需求结构变动；相比而言，市场分布效应对美国农产品出口的正面影响越来越显著，这主要得益于中国、印尼、越南等新兴经济体对美国农产品持续增长的进口需求，这些市场增长的分布效应贡献量正效应大于墨西哥、英国、德国等传统主要市场由进口需求下滑而导致的分布效应贡献量负效应，其中，中国市场的贡献率最大。三是竞争力效应对美国农产品出口的正面贡献极小，美国农产品整体出口竞争力不强；作为美国第一大出口农产品的第12类（油料产品）出口竞争力效应贡献量多数时期为负值，其出口增速要远慢于世界油料产品同期的进口增速。巴西大豆对美国大豆在中国市场的替代效应明显。此外，美国农产品市场竞争力贡献量四个时期均为负值，其农产品在世界许多发达经济体市场的竞争力严重下滑，仅在以中国为首的少数新兴经济体市场具有较好的适应性与竞争力。

第三节　中美农产品贸易波动的影响因素

一、中美农产品贸易的历史演进及特征

本部分研究的农产品范畴为HS01～HS24、HS50～HS53共28个细分类别。

（一）双边农产品贸易迅猛增长，中方贸易逆差不断扩大

中美两国互为重要农产品出口市场，2002～2016年中美农产品相互出口规模波动走势见图2－4。

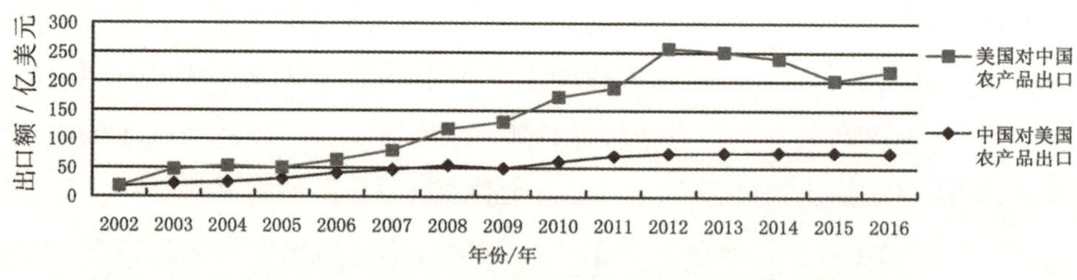

图2－4　2002～2016年中美农产品相互出口规模波动走势

由图2－4可知，2002～2016年中美两国农产品贸易整体呈增长态势，出口额从2002年的36.04亿美元增长至2016年的293.81亿美元，增长了7.15倍。贸易差额显示，15年里中国对美国农产品贸易均处于逆差地位，2012年逆差值达历史高点，为181.78亿美元。2012年以前，美国农产品对

中国出口保持高速增长，金融危机导致2009年美国农产品总出口额（出口到全世界）急跌173.97亿美元，但对中国出口额依旧保持增长态势，2012年以后对中国农产品出口额出现下滑态势，但依旧保持巨大顺差，2016年顺差值依旧达到141.11亿美元，接近当年中国对美农产品出口额的1.85倍。可以说，中美农产品贸易逆差已成为常态。

（二）中美互为农产品主要出口市场，中国市场对美国来说更凸显重要性

从出口市场重要性来看，2016年中国对美国农产品出口额比重达10.23%，仅次于日本（13.94%）与中国香港（13.90%），美国为中国第三大出口目标市场；同年，美国对中国农产品出口额比重达14.83%，仅次于加拿大（17.41%），中国为美国第二大出口目标市场。从市场地位的演变走势来看，2002~2006年中国对美国农产品出口额比重呈小幅下降态势，而美国对中国农产品出口额比重呈逐年快速增长态势，两种反差明显的变化趋势，加上美国对中国出口农产品的基数较大，可以说，中国不断增长的农产品需求市场对美国农产品出口来说具有越来越重要的地位。况且，2002~2016年日本、墨西哥、德国、英国、荷兰等美国农产品传统出口市场的需求份额都呈下降态势。

（三）中国对美国出口农产品以鱼、肉、蔬菜为主，美国对中国出口农产品主要为大豆与棉花

中国对美国出口农产品主要集中于第3类（鱼及海产品）、第16类（肉及甲壳动物）、第20类（腌制蔬菜）、第7类（新鲜蔬菜），2002~2016年四大类产品出口份额分别达24.05%、16.99%、15.91%、7.12%，累计份额达64.07%，出口产品集中度较高。这些中国农产品在美国沃尔玛（Walmart）、塔吉特（Target）、假日（Festival）等大型连锁超市均有销售，但大多是国外品牌，只在包装上标有“Made in China”（中国制造）字样，即贴牌出口，这不利于中国农产品出口的品牌打造及附加值提升。美国对中国出口农产品的结

构变化如表2－11所示。

表2－11　2002～2016年美国对中国主要出口农产品份额

单位:%

年份	第12类	第52类	第3类	第10类	第2类	第23类	第8类	第21类	第4类	第15类	第5类
	油料产品	棉花及棉织物	鱼及海产品	玉米及谷物	牲畜肉	残渣及饲料	水果产品	汤等混杂食品	奶油、蛋及蜂蜜	动植物油	动物制品
2002	55.93	8.44	6.23	1.58	4.48	4.39	2.57	2.56	1.36	1.56	2.11
2003	62.31	16.30	3.72	0.76	2.98	1.74	1.08	3.14	0.67	2.19	0.85
2004	44.82	27.07	4.75	9.38	1.22	1.24	1.36	3.43	0.73	0.66	0.98
2005	45.92	28.48	6.97	1.63	4.00	1.47	2.78	1.64	0.83	0.45	1.37
2006	40.50	32.62	6.89	0.72	5.73	0.97	2.07	1.33	1.27	1.06	1.12
2007	52.06	18.47	6.57	0.22	9.07	1.15	1.36	1.09	1.43	2.16	0.98
2008	62.34	13.86	4.63	0.09	8.38	0.91	1.23	0.98	1.18	1.53	0.89
2009	71.52	6.44	4.50	1.08	5.77	2.06	1.63	0.63	0.73	0.56	0.80
2010	63.80	12.19	4.23	1.94	1.84	4.80	1.42	0.60	0.99	2.60	0.87
2011	56.84	13.99	6.00	5.37	4.35	3.42	1.79	0.63	1.42	1.03	0.85
2012	58.93	13.69	4.33	5.97	3.90	3.71	2.09	0.58	1.06	1.38	0.60
2013	54.68	9.45	4.37	9.47	4.23	7.12	2.02	0.90	2.17	0.76	0.65

续表

年份	第12类	第52类	第 3 类	第10类	第 2 类	第23类	第 8 类	第21类	第 4 类	第15类	第 5 类
	油料产品	棉花及棉织物	鱼及海产品	玉米及谷物	牲畜肉	残渣及饲料	水果产品	汤等混杂食品	奶油、蛋及蜂蜜	动植物油	动物制品
2014	62.45	5.12	4.81	7.39	2.95	7.13	1.35	0.84	2.18	0.75	0.79
2015	54.93	4.81	4.99	12.22	1.66	10.29	1.73	0.80	1.45	0.29	1.32
2016	68.45	3.05	4.35	6.08	2.69	4.21	1.75	0.68	1.22	0.67	1.17

由表 2－11 可知：美国对中国出口农产品集中于油料产品，2002～2016 年其出口额比重年均达 57.03%，2016 年更是达到了 68.45%，中国已成为美国大豆第一大出口市场。此外，2002～2016 年棉花及棉织物、鱼及海产品、玉米及谷物、牲畜肉等四大类出口额平均比重也分别依次为 14.27%、5.16%、4.26% 与 4.22%，相比于中国对美国出口农产品的集中度，美国对中国的更高。从分类农产品出口额比重的走势来看，油料产品、玉米及谷物出口额比重呈快速增长态势，棉花及棉织物、牲畜肉出口额比重整体呈下降态势。

二、中美农产品贸易波动影响因素分解

（一）中美农产品贸易波动影响因素分解采用的两国 CMS 模型

据前文可知，多国 CMS 模型常用基本公式为：

$$V^2 - V^1 = rV^1 + \sum_{i=1}^{m}(r_i - r)V_i^1 + \sum_{j=1}^{n}\sum_{i=1}^{m}(r_{ij} - r_i)V_{ij}^1 + \sum_{i=1}^{m}\sum_{j=1}^{n}(V_{ij}^2 - V_{ij}^1 - r_{ij}V_{ij}^1) \quad (2-1)$$

中美农产品贸易影响因素分解应采用两国 CMS 模型。考虑到中美两国贸易波动分析属于特定市场，故不涉及市场结构调整，式(2－1)简化为：

$$V^2 - V^1 = rV^1 + \sum_{i=1}^{m}(r_i - r)V_i^1 + \sum_{i=1}^{m}(V_i^2 - V_i^1 - r_iV_i^1) \qquad (2-2)$$

中美农产品贸易中美国对中国以出口为主,故本书只分解美国农产品对中国出口的影响因素。V^2、V^1 分别代表美国农产品在某期截止点、起点对中国出口额,V_i^2、V_i^1 分别代表美国对中国第 i 类产品出口额,r、r_i 分别代表中国农产品及第 i 类产品进口增长率,rV^1 表示中国农产品总需求对美国出口的影响,即市场规模效应,其数值越大,表明中国需求扩张对美国农产品出口的推动效应越大。$\sum_{i=1}^{m}(r_i - r)V_i^1$ 表示中国农产品进口结构变动对美国出口的影响,即产品结构效应,若美国出口集中于中国需求增长较快的农产品上,则产品结构效应为正,反之为负;$\sum_{i=1}^{m}(V_i^2 - V_i^1 - r_iV_i^1)$ 表示竞争力变化对美国农产品出口的影响,即竞争力效应,该指标为正,说明竞争力对美国农产品出口起促进作用,为负则说明起阻碍作用。

(二)时间段划分与基础数据整理

根据美国农产品出口波动特征,将时间划分为 2002～2008 年、2008～2012 年、2012～2016 年等三个时期。中国各期从世界、美国进口农产品的金额见表 2－12,分别用 *RW*、*VU* 表示,*RW* 用来测算 r_i 。

表 2－12　中国各期从世界及美国进口农产品情况

单位:亿美元

产品类别	产品名称	2002 年		2008 年		2012 年		2016 年	
		RW	*VU*	*RW*	*VU*	*RW*	*VU*	*RW*	*VU*
1	活动物	0.534	0.139	1.043	0.417	4.995	0.726	3.945	0.064
2	牲畜肉	6.269	0.821	23.200	9.902	41.078	10.022	102.626	5.846
3	鱼及海产品	15.645	1.141	36.482	5.473	54.890	11.137	69.176	9.467

续表

产品类别	产品名称	2002 年		2008 年		2012 年		2016 年	
		RW	*VU*	*RW*	*VU*	*RW*	*VU*	*RW*	*VU*
4	奶油、蛋及蜂蜜	2.722	0.250	8.728	1.398	32.514	2.728	35.167	2.662
5	动物制品	1.916	0.387	2.552	1.046	4.466	1.543	5.222	2.542
6	活植物	0.329	0.015	0.909	0.028	1.366	0.036	2.264	0.055
7	新鲜蔬菜	1.942	0.066	5.842	0.171	24.069	0.244	18.642	0.401
8	水果产品	3.783	0.472	12.377	1.456	38.079	5.379	58.650	3.796
9	咖啡及茶等	0.231	0.007	1.012	0.152	3.063	0.209	6.669	0.174
10	玉米及谷物	4.818	0.290	6.985	0.109	47.507	15.350	56.611	13.216
11	麦芽等制粉业产品	0.952	0.027	2.339	0.100	5.797	0.111	8.923	0.131
12	油料产品	27.771	10.250	231.825	73.636	385.826	151.467	382.954	148.849
13	漆及树胶提取物	0.364	0.142	1.105	0.300	2.033	0.504	2.141	0.453
14	编结用植物材料	0.443	0.030	0.786	0.086	1.936	0.181	2.043	0.038
15	动植物油	15.803	0.286	108.008	1.802	130.409	3.541	70.407	1.455
16	肉及甲壳动物	0.194	0.307	0.795	0.254	1.827	0.809	1.830	0.550
17	糖及糖果	2.797	0.130	4.241	0.236	25.433	1.312	14.601	0.633
18	可可及粉	0.799	0.091	3.130	0.116	6.239	0.500	6.855	0.310
19	谷物粉制品	1.486	0.100	7.185	0.218	19.458	0.767	45.591	0.729
20	腌制蔬菜	1.097	0.423	3.007	0.944	6.238	1.914	9.815	2.664

续表

产品类别	产品名称	2002 年		2008 年		2012 年		2016 年	
		RW	*VU*	*RW*	*VU*	*RW*	*VU*	*RW*	*VU*
21	汤等混杂食品	1.793	0.470	4.664	1.161	9.660	1.489	21.641	1.479
22	饮料及酒	1.483	0.072	11.373	0.340	31.025	0.924	47.865	4.333
23	残渣及饲料	7.716	0.805	18.640	1.074	30.479	9.528	30.620	9.160
24	烟草	2.430	0.006	7.878	1.114	13.160	1.255	17.277	1.723
50	丝绸	0.961	0.017	1.166	0.019	0.954	0.006	0.572	0.007
51	动物毛	18.313	0.032	26.201	0.194	35.857	0.133	31.459	0.081
52	棉花及棉织物	33.273	1.546	74.449	16.378	186.814	35.194	77.435	6.636
53	亚麻等植物纤维	3.346	0.007	4.126	0.004	6.032	0.012	7.952	0.004
合计	所有产品	159.21	18.33	610.05	118.13	1 151.20	257.02	1 138.95	217.46

（三）模型计算结果分析

将表 2－12 的相关数据代入式（2－2），得出美国农产品对中国出口波动成因分解结果，详细内容见表 2－13。

表 2－13　2002～2016 年美国农产品对中国出口波动影响因素的 CMS 模型分析结果

出口波动影响因素	2002～2008 年		2008～2012 年		2012～2016 年	
	贡献量/亿美元	贡献率/%	贡献量/亿美元	贡献率/%	贡献量/亿美元	贡献率/%
出口实际变动	99.80	100.00	138.90	100.00	－39.56	100.00

续表

出口波动影响因素	2002～2008 年		2008～2012 年		2012～2016 年	
	贡献量/亿美元	贡献率/%	贡献量/亿美元	贡献率/%	贡献量/亿美元	贡献率/%
市场规模效应	51.89	52.00	104.79	75.44	-2.74	6.91
产品结构效应	38.08	38.16	-2.83	-2.04	8.17	-20.65
竞争力效应	9.82	9.84	36.94	26.60	-45.00	113.73

1. 市场规模效应分析

由表 2-13 可知:市场规模效应对美国农产品出口中国影响较大,三个时期的市场规模效应总体贡献量为 153.94 亿美元,表明中国农产品市场需求扩大是美国农产品对中国出口增长的主推动力。此现象具有两面性:中国市场需求环境好,对美国农产品出口的拉动作用会很明显;中国市场需求下降,对美国农产品出口的制约作用也很大。比如,2012 年中国农产品总进口规模达 1 151.20 亿美元,而 2016 年这一规模下降至 1 138.95 亿美元,下降了 1.06%;与之相对应,2012 年,美国农产品对中国出口额达 257.02 亿美元,但 2016 年这一数值仅为 217.46 亿美元,下降了 15.39%,降幅远高于中国市场需求降幅。因此,中国农产品市场需求稳定对于美国农产品出口来说至关重要,中国对美国农产品进口政策变动也将对美国农产品出口产生很大影响。

2. 产品结构效应分析

由表 2-13 可知:2002～2016 年美国农产品对中国出口的产品结构效应贡献量为 43.42 亿美元,仅次于市场规模效应贡献,表明美国对中国农产品出口的产品结构与中国农产品需求结构变化的契合度正面推动其农产品出口。分类产品结构效应能比较出不同产品结构效应贡献率的大小,美国分类农产品对中国出口波动成因分解的产品结构与竞争力效应变化如表

2－14所示。

表2－14　美国分类农产品对中国出口波动成因分解的产品结构与竞争力效应变化

产品类别	三个时期的产品结构效应			三个时期的竞争力效应		
	2002～2008年/亿美元	2008～2012年/亿美元	2012～2016年/亿美元	2002～2008年/亿美元	2008～2012年/亿美元	2012～2016年/亿美元
活动物	－0.26	1.21	－0.14	0.14	－1.27	－0.51
牲畜肉	－0.11	－1.15	15.12	6.86	－7.51	－19.19
鱼及海产品	－1.71	－2.09	3.02	2.81	2.90	－4.57
奶油、蛋及蜂蜜	－0.16	2.57	0.25	0.60	－2.48	－0.29
动物制品	－0.97	－0.14	0.28	0.53	－0.29	0.74
活植物	－0.02	－0.01	0.02	－0.01	－0.01	0.00
新鲜蔬菜	－0.05	0.38	－0.05	－0.03	－0.46	0.21
水果产品	－0.26	1.73	2.96	－0.09	0.90	－4.49
咖啡及茶等	0.00	0.17	0.25	0.12	－0.25	－0.28
玉米及谷物	－0.69	0.54	3.11	－0.31	14.61	－5.08
麦芽等制粉业产品	－0.04	0.06	0.06	0.03	－0.14	－0.04
油料产品	46.29	－16.40	0.48	－11.93	28.92	－1.49
漆及树胶提取物	－0.11	－0.01	0.03	－0.13	－0.05	－0.08
编结用植物材料	－0.06	0.05	0.01	0.03	－0.03	－0.15
动植物油	0.86	－1.22	－1.59	－0.15	1.37	－0.46

续表

产品类别	三个时期的产品结构效应			三个时期的竞争力效应		
	2002～2008年/亿美元	2008～2012年/亿美元	2012～2016年/亿美元	2002～2008年/亿美元	2008～2012年/亿美元	2012～2016年/亿美元
肉及甲壳动物	0.08	0.10	0.01	-1.00	0.23	-0.26
糖及糖果	-0.30	0.97	-0.55	0.04	-0.10	-0.12
可可及粉	0.01	0.01	0.05	-0.24	0.27	-0.24
谷物粉制品	0.10	0.18	1.04	-0.26	0.18	-1.07
腌制蔬菜	-0.46	0.18	1.12	-0.21	-0.04	-0.35
汤等混杂食品	-0.58	0.21	1.86	-0.06	-0.92	-1.86
饮料及酒	0.27	0.29	0.51	-0.21	0.00	2.91
残渣及饲料	-1.14	-0.27	0.15	-0.87	7.77	-0.41
烟草	0.00	-0.24	0.41	1.10	-0.61	0.08
丝绸	-0.04	-0.02	0.00	0.00	-0.01	0.00
动物毛	-0.08	-0.10	-0.01	0.15	-0.13	-0.04
棉花及棉织物	-2.46	10.19	-20.23	12.92	-5.90	-7.95
亚麻等植物纤维	-0.02	0.00	0.00	0.00	0.01	-0.01
所有产品	38.08	-2.83	8.17	9.82	36.94	-45.00

由表2－14可知，油料产品、牲畜肉、水果产品的结构效应较大地影响着美国农产品对中国的出口，15年里其产品结构效应贡献量分别为30.37亿

美元、13.86 亿美元、4.43 亿美元，较好地满足了中国市场对这三类产品快速增长的需求。统计显示，近几年中国对世界及美国油料产品进口需求均非常旺盛，尝到甜头的许多美国农户加大了大豆种植面积，油料产品的结构效应贡献率因此得到巨大提升。与这三大正效应农产品形成对比的是，棉花及棉织物的产品结构效应产生了 -12.5 亿美元的贡献量，表明美国该类产品对中国出口远远不能满足中国市场需求变化。此外，从变化趋势来看，后两期的结构效应下降明显，表明美国农产品出口结构对中国市场产品需求结构的适应性仍待进一步提升。

3. 竞争力效应分析

2002 ~2016 年美国农产品对中国出口竞争力效应贡献量为 1.76 亿美元，对美国农产品出口中国的贡献量最小。竞争力效应是相对指标，不仅受产品本身科技含量、生产工艺、外观、性能等指标影响，还受市场准入、贸易壁垒、消费者价值观、东道国文化等目标市场环境制约。美国农产品进入中国市场，美国人必须充分研究中国文化及市场消费偏好，遵守中国法律及相关规则，2012 ~2016 年美国农产品对中国市场出口竞争力效应贡献量为较大负值，主要原因是这期间中国农产品从国际市场进口的规模增速要远大于从美国进口的增速，美国农产品整体在中国市场的竞争力不强。表 2 -14 分类农产品的产品竞争力效应变化情况显示，油料产品、玉米及谷物、残渣及饲料三个时期的竞争力效应贡献量分别达 15.50 亿美元、9.22 亿美元、6.49亿美元，对总体竞争力效应贡献率较高。其实，美国大豆在中国市场竞争优势并不稳固，主要原因是巴西大豆对美国大豆具有替代效应。牲畜肉在中国市场的竞争力效应贡献量达 -19.84 亿美元，严重影响美国农产品在中国市场的竞争力，尤其是 2012 ~2016 年这一阶段的竞争力急剧下降。总之，美国农产品在中国面临着巨大市场竞争及挑战，总体竞争力偏低。事实上，最近几年美国政府、农产品生产企业对中国市场尤其重视，美国设立了专门的农产品出口营销及服务机构，并对其国内农业生产实施各种补贴政策，以维持其在中国市场的价格竞争力。

三、中美农产品贸易波动成因分解的结论

一是中美两国农产品贸易整体呈增长态势，中美农产品贸易逆差已成为常态，且中国市场对美国来说更凸显重要性；油料产品是美国对中国主要出口农产品，其次是棉花及棉织物、鱼及海产品、玉米及谷物、牲畜肉。二是市场规模效应对美国农产品出口中国的影响最大，产品结构效应其次，竞争力效应最小；中国农产品市场需求稳定对于美国农产品出口来说至关重要，油料产品、牲畜肉及水果产品的结构效应对美国农产品出口中国产生正面影响，棉花及棉织物对中国出口远不能满足中国市场需求的变化；美国农产品在中国市场竞争力并不强，尤其是2012年之后的竞争力下滑明显。

第三章 林产品出口增长成因及结构优化

第一节　中国木质林产品出口波动成因

一、中国木质林产品出口波动特征

(一)木质林产品范畴界定与研究数据来源

当前,国内外对木质林产品的范畴界定与统计标准并不统一。联合国粮食及农业组织(Food and Agriculture Organization of the United Nations, FAO)将木质林产品定义为工业用原木、锯材、木浆、人造板、木质燃料、纸制品、回收纸等7大类,其对木制品与家具未做统计;《中国林业统计年鉴》将木质林产品界定为原木、锯材、单板、特形材、刨花板、纤维板、胶合板、木制品、木质家具、木片、木浆、废纸、纸及纸制品、木炭等 14 大类,而 UN COMTRADE 商品编码并非一一对应于上述两种分类,比如"木质家具"这个称呼在 UN COMTRADE 的 HS 编码中是找不到的。为便于数据获取及研究分析,本书将木质林产品界定为原木、锯材、单板、特形材、刨花板、纤维板、胶合板、木制品、木浆(包括废纸)、纸及纸制品、木炭、木质家具、软木、其他原材(包括木片)等 14 大类,具体的木质林产品范畴界定及分类产品的描述如表 3-1 所示。

表 3-1 木质林产品的范畴界定及分类产品描述

产品类别	商品编码	产品描述
原木	HS4403	木段,不论是否去皮、去边材或粗锯成方
锯材	HS4407	经纵锯、纵切、刨切或旋切的木材
单板	HS4408	饰面用薄板、制胶合板用薄板以及其他经纵锯、刨切或旋切的木材
特形材	HS4406、HS4409	任何一边或面制成连续形状的木材,铁道及电车道枕木
刨花板	HS4410	木质碎料板及其他类似木质材料板
纤维板	HS4411	木纤维板或其他木质材料纤维板
胶合板	HS4412、HS4413	单板饰面板及类似的多层板,强化木,成块、板、条或异形的
木制品	HS4414 ~ HS4421、HS960910	木制画框、相框、镜框,木制电缆卷筒,木托板、箱形托盘,木制大桶、琵琶桶、盆,建筑用木工制品,木制餐具及厨房用具,木制小雕像及其他装饰品,铅笔,等等
木浆(包括废纸)	HS47	机械木浆,化学木浆(溶解级),烧碱木浆或硫酸盐木浆(但溶解级的除外),亚硫酸盐木浆(但溶解级的除外),半化学木浆,其他纤维状纤维素浆,纸及纸板的废碎品
纸及纸制品	HS48、HS49	成卷或成张的新闻纸,书籍、小册子、散页印刷品及类似印刷品(不论是否单张),等等
木炭	HS4402	木材在隔绝空气的条件下干馏得到的产物(质硬,有很多细孔,不论是否结块)

续表

产品类别	商品编码	产品描述
木质家具	SITC8215	厨房、卧室用的木质家具
软木	HS4501 ~ HS4504	天然软木,软木废料,天然软木制品,压制软木及其制品
其他原材	HS4401、HS4404、HS4405	薪柴,木片或木粒,锯末、木废料及碎片,箍木,木劈条,木桩,木棒,木丝,木粉

注:资料来源于 UN COMTRADE 数据库和 HS2002 标准编码,经翻译整理,并对产品描述进行了精简;SITC 为国际贸易标准分类的英文 Standard International Trade Classification 的缩写。

由表 3 - 1 可知,部分大类木质林产品又包含诸多小类木质林产品,如木浆包括 HS4701 ~ HS4706 等 6 小类别产品,胶合板包括 HS4412、HS4413 两类产品,等等。值得指出的是,UN COMTRADE 中没有关于木质家具这一类别的明确对应的 HS 编码,而 SITC 分类中却有木质家具(SITC8215)这一商品编码,因此本书中的木质家具数据就采用 SITC8215 数据进行分析。

(二)中国木质林产品出口规模波动特征

中国自 2001 年加入 WTO 以来,对外贸易发展迅猛,木质林产品的出口规模得到迅速提升。2002 ~ 2016 年中国木质林产品出口规模波动走势如图 3 - 1 所示。

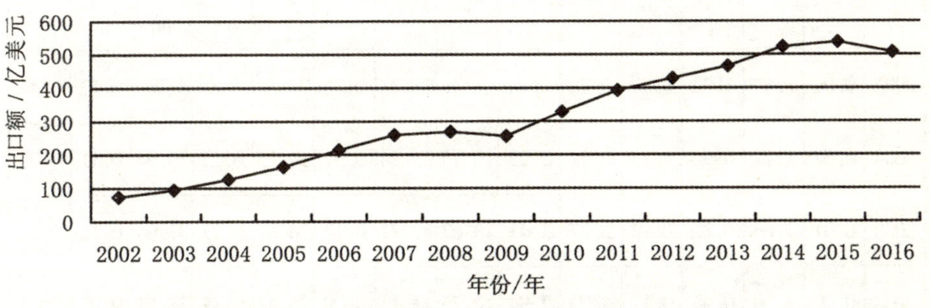

图 3 - 1　2002 ~ 2016 年中国木质林产品出口额波动走势

由图 3－1 可知,15 年里中国木质林产品出口额整体呈增长态势,出口额从 2002 年的 73.48 亿美元增长至 2016 年的 507.56 亿美元,增长了 5.91 倍。研究结果显示,1993 ~ 2014 年中国木质林产品年均出口增速达 19.22%,远高于同期世界木质林产品年均出口增速(4.54%),初步估算中国木质林产品出口份额占世界的比重约为 10%,居世界第一位(张少博,等,2017)。中国是世界第一大木质家具出口国,其出口份额占世界的比重为 31%以上(石小亮,张颖,2015)。值得关注的是,2007 ~2009 年中国木质林产品出口甚至出现了小幅下滑,主要原因是受到了全球金融危机的大环境影响。2010 年以后的中国木质林产品出口额又呈现平稳增长态势,2015 年出口额达到了历史最高,为 537 亿美元,但 2016 年出口额又急剧下降了 30 亿美元,在国际贸易保护主义逐渐抬头的形势下,中国木质林产品出口又面临着严峻的挑战。

(三)中国木质林产品出口产品结构演变特征

出口产品结构反映了中国不同类型木质林产品在国际市场的竞争优势及地位,2002 ~2016 年中国木质林产品出口产品结构如表 3－2 所示。

表 3－2　2002 ~2016 年中国木质林产品出口产品结构

单位:%

年份	原木	锯材	单板	刨花板	纤维板	特形材	胶合板	木制品	木炭	木质家具	木浆	纸及纸制品	软木	其他原材
2002	0.04	2.59	1.22	0.30	0.28	1.70	5.98	25.38	0.76	28.36	0.21	31.62	0.12	1.44
2004	0.02	1.72	0.96	0.17	0.99	2.22	10.15	23.24	0.31	29.15	0.13	29.94	0.11	0.90
2006	0.01	1.65	0.80	0.12	2.97	3.43	13.67	17.71	0.12	26.87	0.27	31.94	0.11	0.33
2008	0.00	1.50	0.91	0.17	4.09	2.94	12.75	13.15	0.09	25.47	0.37	38.41	0.07	0.08

续表

年份	原木	锯材	单板	刨花板	纤维板	特形材	胶合板	木制品	木炭	木质家具	木浆	纸及纸制品	软木	其他原材
2010	0.03	1.03	0.64	0.13	3.38	1.99	10.35	12.50	0.11	32.07	0.43	37.26	0.05	0.03
2012	0.00	0.77	0.55	0.16	3.76	1.62	11.19	11.31	0.10	27.76	0.30	42.42	0.04	0.02
2014	0.02	0.56	0.53	0.27	3.12	1.25	11.13	11.35	0.17	26.87	0.22	44.35	0.04	0.11
2016	0.06	0.38	0.55	0.24	2.42	0.97	10.41	12.43	0.20	27.22	0.22	44.83	0.04	0.03

由表3-2可知：一是纸及纸制品、木质家具、木制品及胶合板等四大类产品分别位居中国木质林产品出口前四位，15年里其出口的平均比重分别为37.91%、28.03%、15.54%和10.57%，累计达92.05%，中国木质林产品出口产品集中度非常大。这四类产品均属于劳动力密集型，符合中国具有丰富劳动力资源比较优势的国情，有利于增加国内劳动力就业机会并提高木材资源的利用率。值得指出的是，纸及纸制品的出口额呈现平稳增长态势，该行业的快速发展虽然给我国木质林产品出口带来了大量外汇收入，但也给地方带来了诸多污染问题，比如一些知名造纸企业的"废水、废气、废渣"等工业三废，给长江中下游地区带来了巨大的生态环境破坏。二是资源型原木和木炭产品出口较少，主要原因是中国森林资源极度稀缺，国家于2001年和2004年相继出台《禁止出口货物目录》第一批、第二批，分别对原木、木炭出口进行了限制。第八次全国森林资源清查结果显示，中国森林覆盖率仅为21.63%，远低于世界31%的平均水平，中国人均森林蓄积量仅为世界人均水平的1/7。为此，中国木质林产品出口一定要关注资源禀赋、环境及深加工率等重要指标。

（四）中国木质林产品出口市场结构演变特征

中国木质林产品的出口市场比较广泛，2002～2016 年中国木质林产品主要出口市场结构如表 3－3 所示。

表 3－3　2002～2016 年中国木质林产品主要出口市场结构

单位：%

年份	美国	日本	中国香港	韩国	加拿大	英国	德国	法国	荷兰	澳大利亚	新加坡	马来西亚	沙特	越南	印度
2002	31.22	18.30	19.80	3.96	1.19	3.95	1.52	1.02	1.34	1.59	1.06	0.72	0.83	0.26	0.16
2004	34.02	15.71	16.12	2.87	2.12	3.94	1.88	1.06	1.26	2.00	0.84	0.64	1.09	0.39	0.33
2006	32.63	11.46	11.52	3.59	2.56	4.58	2.00	1.24	1.40	2.32	0.79	0.98	1.40	0.54	1.00
2008	27.84	9.52	8.24	3.18	2.62	4.73	2.43	1.74	1.69	2.97	0.97	1.30	1.71	0.81	1.46
2010	25.38	8.79	6.66	2.54	2.77	4.98	2.75	1.98	1.65	2.88	2.32	1.90	1.87	1.06	1.92
2012	23.66	8.78	6.08	2.66	2.55	4.76	2.75	1.85	1.49	3.40	1.74	2.55	2.27	1.17	1.56
2014	22.33	7.03	6.61	2.76	2.22	4.54	2.46	1.46	1.45	3.38	2.51	2.59	2.05	1.57	1.70
2016	24.53	6.42	7.77	2.90	2.15	4.77	2.18	1.37	1.41	3.35	3.24	2.86	2.16	2.12	1.93

由表 3－3 可知，中国木质林产品出口市场主要集中于美国、日本、中国香港及欧洲四国（英国、德国、法国和荷兰），15 年里这些市场的年均份额分别为 27.62%、10.71%、10.16% 和 9.75%，出口市场集中度较高。但从发展趋势来看，中国木质林产品对美国、日本和中国香港市场的出口依赖度逐渐下降，三大市场累计份额从 2002 年的 69.32% 快速下降至 2016 年的 38.72%。与此同时，中国木质林产品对澳大利亚、沙特、印度、越南、新加坡

等新兴市场的出口增长较快，对欧洲市场的出口份额基本保持稳定。贸易潜力测算结果表明，金融危机对西方主要经济体的进口影响巨大，美国和中国香港属于中国木质林产品出口的潜力衰退型过度市场，欧洲部分国家是饱和型市场（顾晓燕，聂影，2009）。此外，西方国家还不断对中国出口木质林产品实施反倾销、低碳壁垒与技术性贸易壁垒等贸易保护政策，使得中国与贸易国家的木质林产品贸易摩擦风险进一步增大，因此中国木质林产品出口国家（地区）的市场结构需进一步优化调整。

二、中国木质林产品出口波动成因测算与结果分析

（一）样本选取与模型分析时间段划分

中国木质林产品出口全球100多个国家（地区），表3－1确定的4位数HS编码细分的木质林产品有30种，每一类木质林产品出口到各个国家（地区）的数据时间跨度是15年，故分析数据量十分庞大，给统计研究带来很大难度。为便于数据获取及分析，本书选取美国、加拿大、英国、德国、法国、荷兰、澳大利亚、日本、中国香港、韩国、新加坡、马来西亚、沙特、越南、印度等15个主要出口国家（地区）作为分析市场样本。统计显示，2015～2016年中国对这15个市场的木质林产品出口份额累计达70.37%，因此样本具有较强的代表性。本部分CMS模型分析中的木质林产品的界定与分类按照表3－1中14大类、30小类进行，测算数据时间跨度为2002～2016年。参照图3－1中2002～2016年中国木质林产品出口额波动走势，本部分将时间段划分为2002～2008年、2008～2009年、2009～2015年、2015～2016年等四个时期。

（二）基础数据测算与整理

测算出美国、日本、中国香港等15个目标市场各期时间点从世界、中国进口木质林产品金额，分别用R_j和V_j表示，R_j用来测算r_j指标。计算出的各期样本市场木质林产品进口金额见表3－4。

表 3－4 各期样本市场木质林产品进口金额

单位:亿美元

样本市场	2002 年		2008 年		2009 年		2015 年		2016 年	
	R_j	V_j	R_j	V_j	R_j	V_j	R_j	V_j	R_j	V_j
美国	471.08	22.94	551.49	74.61	411.91	67.65	567.20	131.10	576.07	124.51
加拿大	94.17	0.87	143.36	7.02	122.29	6.53	131.45	11.36	125.79	10.90
英国	170.47	2.90	249.16	12.69	182.71	12.65	220.88	26.41	203.38	24.23
德国	201.38	1.12	330.91	6.52	273.06	6.96	301.39	12.15	297.43	11.08
法国	135.00	0.75	253.06	4.65	209.16	4.91	179.59	7.06	180.02	6.97
荷兰	72.44	0.99	136.34	4.53	105.43	4.31	115.22	7.89	118.18	7.13
澳大利亚	31.66	1.17	61.16	7.97	50.46	7.56	58.31	18.97	56.57	17.02
日本	141.50	13.45	179.59	25.51	154.45	26.19	169.02	32.89	168.54	32.61
中国香港	48.65	14.55	46.89	22.09	39.33	19.87	45.19	37.95	41.84	39.46
韩国	42.31	2.91	69.79	8.54	53.21	6.77	76.01	14.53	74.42	14.72
新加坡	14.21	0.78	25.91	2.59	22.14	7.73	31.07	18.28	28.26	16.45
马来西亚	17.71	0.53	27.67	3.49	23.46	6.11	28.35	12.39	29.69	14.53
沙特	11.22	0.61	29.35	4.57	25.49	4.65	48.44	12.63	36.99	10.98
越南	4.07	0.19	24.44	2.17	22.55	2.10	45.42	9.79	43.93	10.76
印度	14.43	0.12	49.18	3.92	41.37	3.79	72.26	9.39	70.68	9.81

续表

样本市场	2002年		2008年		2009年		2015年		2016年	
	R_j	V_j	R_j	V_j	R_j	V_j	R_j	V_j	R_j	V_j
其他市场	894.26	9.60	2 193.67	77.12	1 762.22	67.77	2 124.09	174.21	2 087.44	156.40
世界	2 364.56	73.48	4 371.97	267.99	3 499.24	255.55	4 213.89	537.00	4 139.23	507.56

测算出各细分木质林产品从世界、中国进口的金额，分别用 R_i 和 V_i 表示，R_i 主要用来测算 r_i 指标。测算出的各期分类木质林产品进口金额如表3－5所示。

表3－5　各期分类木质林产品进口金额

单位：亿美元

产品名称	2002年		2008年		2009年		2015年		2016年	
	R_i	V_i	R_i	V_i	R_i	V_i	R_i	V_i	R_i	V_i
原木	87.25	0.03	165.31	0.01	113.89	0.05	167.05	0.04	162.33	0.30
锯材	229.28	1.90	318.14	4.01	238.75	3.45	356.45	2.05	364.05	1.93
单板	25.03	0.89	37.21	2.44	25.52	1.73	30.78	2.84	31.65	2.80
特形材	31.29	1.25	58.70	7.89	41.79	5.97	49.60	5.58	47.53	4.91
刨花板	38.39	0.22	68.78	0.46	50.21	0.32	68.54	1.16	74.09	1.23
纤维板	40.85	0.21	87.41	10.95	66.46	8.83	84.67	14.22	84.69	12.29
胶合板	72.24	4.39	135.03	34.17	87.07	25.35	140.16	54.95	136.59	52.81

续表

产品名称	2002 年		2008 年		2009 年		2015 年		2016 年	
	R_i	V_i	R_i	V_i	R_i	V_i	R_i	V_i	R_i	V_i
木制品	145.48	18.65	271.68	35.25	215.69	33.25	277.85	64.56	283.73	63.11
木浆	194.64	0.16	451.98	0.98	330.07	0.91	490.79	1.13	465.56	1.09
纸及纸制品	1 230.72	23.23	2 258.50	102.93	1 913.72	99.29	2 021.01	242.42	1 967.58	227.53
木炭	2.92	0.56	7.42	0.24	7.46	0.26	11.92	1.09	11.91	1.02
木质家具	226.81	20.84	426.99	68.25	337.11	75.88	405.65	146.43	399.11	138.18
软木	13.74	0.09	19.29	0.18	15.09	0.16	16.49	0.22	16.94	0.21
其他原材	25.91	1.06	65.54	0.22	56.41	0.10	92.94	0.31	93.46	0.15
世界	2 364.56	73.48	4 371.97	267.99	3 499.24	255.55	4 213.89	537.00	4 139.23	507.56

（三）模型计算结果分析

将表 3－4 与表 3－5 的相关数据代入式（1－7），得出 2002～2016 年中国木质林产品出口波动成因的修正的 CMS 模型分析结果，如表 3－6 所示。

表 3-6 2002~2016 年中国木质林产品出口波动成因的修正的 CMS 模型分析结果

出口增长动因	2002~2008 年		2008~2009 年		2009~2015 年		2015~2016 年	
	贡献量/亿美元	贡献率/%	贡献量/亿美元	贡献率/%	贡献量/亿美元	贡献率/%	贡献量/亿美元	贡献率/%
出口实际变动	194.50	100.00	-12.46	100.00	281.45	100.00	-29.44	100.00
市场规模效应	62.38	32.07	-53.50	429.98	52.19	18.54	-9.51	32.30
产品结构效应	0.42	0.22	-1.56	12.54	0.13	0.05	0.32	-1.09
市场分布效应	-15.62	-8.03	-0.40	3.22	6.92	2.46	-1.16	3.94
产品竞争力效应	65.64	33.75	22.09	-177.57	114.50	40.68	-10.29	34.95
市场竞争力效应	81.68	41.99	20.91	-168.17	107.71	38.27	-8.80	29.90

1. 市场规模效应对中国木质林产品出口波动的影响

由表 3-6 可知,世界市场规模效应对中国木质林产品出口波动影响较大,四个时期贡献率的绝对值最低也达到了 18.54%,其中尤其以 2008~2009 年影响最大,并导致这期间中国木质林产品出口下滑。金融危机不仅影响世界木质林产品出口,还直接导致了中国木质林产品出口贸易额减少。2002~2016 年世界木质林产品进口额与中国木质林产品出口额走势图比较结果恰好验证了该结论。2002~2016 年世界木质林产品进口额波动走势如图 3-2 所示。

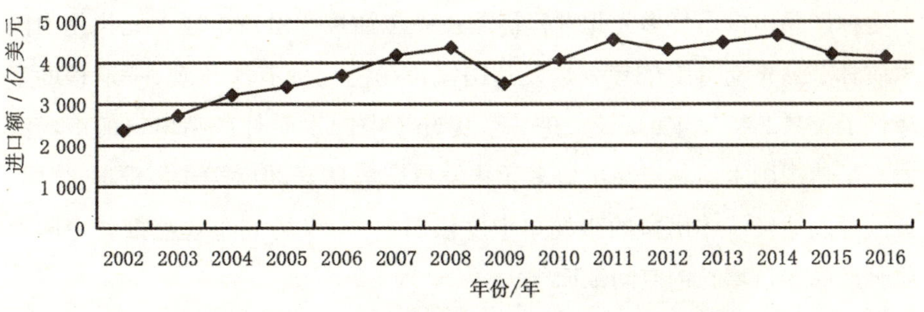

图 3-2 2002~2016 年世界木质林产品进口额波动走势

比较图3-2与图3-1发现,图3-2走势与图3-1相似,2009年、2016年世界木质林产品进口额与中国木质林产品出口额均出现下滑,除2015年之外的其他年份都是一致平稳增长的。这不是偶然,而是有直接关联的。两图走势趋同与CMS模型分析结论吻合,说明中国木质林产品出口易受国际市场需求波动影响,这种影响也会阻碍中国木质林产品竞争力提升及出口结构优化的推动作用。

2. 结构分布效应对中国木质林产品出口波动的影响

结构分布效应是产品结构效应与市场分布效应的统称,从模型分析来看,四个时期的产品结构效应贡献量正值不超过1亿美元,对中国木质林产品出口的拉动作用不明显,表明中国木质林产品出口的产品结构未能很好地适应世界增长较快的木质林产品进口需求结构变动,一定程度上反映出中国木质林产品出口的创新性及附加值的缺乏导致分类木质林产品的整体出口增长率未能超越全球平均水平。

相比于产品结构效应的平淡表现,中国木质林产品出口的市场分布效应要更加显著。从数据上分析,市场分布效应的贡献量从第一期到第四期分别为-15.62亿美元、-0.40亿美元、6.92亿美元、-1.16亿美元,对中国木质林产品出口的整体拉动正效应越来越强,这种变化的主要原因是中国木质林产品出口的国家(地区)市场越来越多元化,不断有新兴出口市场,并且新兴市场的进口持续增长拉动着中国木质林产品的整体出口增长。这一结论正好与前文出口市场结构的演变特征分析一致,澳大利亚、新加坡、越南、印度、沙特等一系列新兴经济体对中国木质林产品的进口需求呈逐年增长态势。但总体来看,市场分布效应与规模效应相比依旧有较大差距,中国木质林产品出口市场多元化进程仍需进一步加快。出口市场多元化使中国木质林产品长期过度依赖少数发达国家市场的局面有所改观,一定程度上降低了贸易摩擦发生的风险,进一步提升了中国木质林产品出口的市场潜力。虽然中国木质林产品出口多元化发展态势良好,但对美国、日本、德国、英国等发达经济体出口的市场集中度依旧很高,市场分布效应推动中国木质林产品出口增长的空间依旧很大。

3. 竞争力效应对中国木质林产品出口波动的影响

2002～2016 年四个时期的竞争力效应贡献量的绝对值分别为 147.32 亿美元、43.00 亿美元、222.21 亿美元、19.09 亿美元，其影响力均大于市场规模效应和结构分布效应，对中国木质林产品出口波动的影响最大。下面分别对两类竞争力效应进行分析，2002～2016 年中国木质林产品出口波动成因的产品竞争力、市场竞争力效应详细分解情况分别见表 3－7、表 3－8。

表 3－7　2002～2016 年中国木质林产品出口波动成因的产品竞争力效应分解

产品名称	2002～2008 年		2008～2009 年		2009～2015 年		2015～2016 年	
	贡献量/亿美元	贡献率/%	贡献量/亿美元	贡献率/%	贡献量/亿美元	贡献率/%	贡献量/亿美元	贡献率/%
原木	－0.02	－0.04	0.02	0.10	－0.02	－0.01	0.13	－1.27
锯材	0.69	1.05	0.22	1.00	－1.55	－1.35	－0.08	0.80
单板	0.56	0.85	0.03	0.13	0.38	0.33	－0.06	0.58
特形材	2.77	4.22	0.18	0.80	－0.75	－0.66	－0.22	2.12
刨花板	0.03	0.05	－0.01	－0.04	0.36	0.32	－0.01	0.12
纤维板	5.25	8.00	0.25	1.14	1.49	1.30	－0.97	9.40
胶合板	12.98	19.78	1.66	7.51	7.07	6.18	－0.37	3.60
木制品	0.21	0.32	2.63	11.92	10.86	9.49	－1.41	13.69
木浆	0.30	0.46	0.10	0.44	－0.11	－0.10	0.01	－0.09
纸及纸制品	30.15	45.93	6.04	27.33	68.78	60.07	－4.24	41.23
木炭	－0.59	－0.90	0.01	0.04	0.34	0.29	－0.03	0.34

续表

产品名称	2002～2008 年		2008～2009 年		2009～2015 年		2015～2016 年	
	贡献量/亿美元	贡献率/%	贡献量/亿美元	贡献率/%	贡献量/亿美元	贡献率/%	贡献量/亿美元	贡献率/%
木质家具	14.51	22.10	11.00	49.79	27.56	24.07	-2.94	28.63
软木	0.03	0.04	0.01	0.04	0.02	0.02	-0.01	0.08
其他原材	-1.23	-1.87	-0.04	-0.20	0.07	0.06	-0.08	0.79
合计	65.64	100.00	22.09	100.00	114.50	100.00	-10.29	100.00

由表3-7可知，2002～2008年、2008～2009年、2009～2015年中国木质林产品出口的产品竞争力效应贡献量合计均为正值，表明产品竞争力效应对整个木质林产品出口推动作用较为明显，但2015～2016年产品竞争力效应贡献量合计为负值，表明该时期中国木质林产品出口的产品竞争力有所下降。总体来看，中国木质林产品的产品竞争力效应主要来源于纸及纸制品、木质家具、木制品及胶合板，这四类产品的国际竞争力极强，对中国木质林产品整体竞争力的提升作用最大。2008～2009年金融危机期间，国际进口规模急剧缩减导致中国木质林产品出口的市场规模效应贡献量为-53.50亿美元。在此背景下，产品竞争力效应贡献量合计为22.09亿美元，这一时期对产品竞争力效应贡献较大的依次是木质家具（11.00亿美元）、纸及纸制品（6.04亿美元）、木制品（2.63亿美元）和胶合板（1.66亿美元），其余木质林产品的产品竞争力效应几乎为0或者负值。可以说，这四大类劳动密集型产品对中国木质林产品出口的国际竞争力提升起到至关重要的作用。

表 3-8　2002 ~ 2016 年中国木质林产品出口波动成因的市场竞争力效应分解

市场名称	2002 ~ 2008 年		2008 ~ 2009 年		2009 ~ 2015 年		2015 ~ 2016 年	
	贡献量/亿美元	贡献率/%	贡献量/亿美元	贡献率/%	贡献量/亿美元	贡献率/%	贡献量/亿美元	贡献率/%
美国	23.88	29.23	5.96	28.48	18.97	17.61	-28.00	31.43
加拿大	2.85	3.49	0.27	1.29	2.17	2.02	-0.66	0.74
英国	4.23	5.17	1.67	7.99	5.56	5.16	-3.85	4.32
德国	2.34	2.86	0.79	3.77	2.23	2.07	-1.17	1.31
法国	1.62	1.99	0.53	2.55	1.42	1.32	0.45	-0.51
荷兰	1.33	1.63	0.40	1.93	1.59	1.48	-0.75	0.84
澳大利亚	2.86	3.50	0.49	2.35	5.12	4.75	-2.45	2.75
日本	4.22	5.17	2.13	10.16	2.11	1.96	-1.69	1.90
中国香港	4.03	4.94	0.67	3.21	7.56	7.02	-2.07	2.33
韩国	1.87	2.29	0.13	0.62	2.43	2.26	-3.02	3.39
新加坡	0.58	0.71	2.76	13.18	3.72	3.45	-4.60	5.16
马来西亚	1.33	1.63	1.58	7.53	2.50	2.32	-0.22	0.25
沙特	1.49	1.82	0.34	1.63	1.90	1.76	-6.50	7.30
越南	0.51	0.63	0.05	0.23	2.78	2.58	-4.48	5.03
印度	1.76	2.15	0.25	1.18	1.39	1.29	-3.30	3.70
其他市场	26.79	32.79	2.91	13.90	46.26	42.95	-26.79	30.07
合计	81.68	100.00	20.91	100.00	107.71	100.00	-89.10	100.00

由表 3 - 8 可知，与产品竞争力效应贡献量情况相似，2002 ~ 2008 年、2008 ~ 2009 年、2009 ~ 2015 年中国木质林产品出口的市场竞争力效应贡献量合计均为正值，表明市场竞争力效应对整个木质林产品出口的推动作用较为明显，但 2015 ~ 2016 年市场竞争力效应贡献量合计为负值，表明这一时期中国木质林产品出口的市场竞争力下滑，且其下滑幅度远大于当期产品竞争力效应的下降幅度。导致这一现象的原因与重点出口市场美国、其他市场的市场竞争力效应贡献量为较大负值有关。2015 ~ 2016 年两大类市场的竞争力效应贡献量分别为 -28 亿美元和 -26.8 亿美元，合计占当期总体市场竞争力效应贡献量（ -89.1 亿美元）的 61.5%。

总体来看，中国木质林产品的市场竞争力效应主要来源于美国、日本、中国香港、英国等传统出口市场，新加坡、澳大利亚等新兴经济体的贡献率也在不断提高，表明中国木质林产品在这些目标市场具有较强的竞争力。2008 ~ 2009 年金融危机期间，中国木质林产品出口市场竞争力效应维持在 20.91 亿美元，对其贡献较大的市场依次为美国（5.96 亿美元）、其他市场（2.91 亿美元）、新加坡（2.76 亿美元）、日本（2.13 亿美元），其余市场竞争力效应就很小了。应该说，中国木质林产品在这些重点市场已具有较强的适应性及竞争力，中国林产品生产企业参与国际竞争要对它们尤其重视。如果某一个时间段在某一重点市场竞争不利，那么会大幅度直接影响中国木质林产品的整体市场竞争力效应。例如，2015 ~ 2016 年中国木质林产品在美国的市场竞争力效应贡献量为 -28 亿美元，对当期中国木质林产品市场竞争力效应产生最大的负面影响。市场竞争力效应是一个相对指标，不仅受产品本身科技含量、生产工艺、外观、性能等指标情况影响，市场准入、贸易壁垒、消费者价值观、东道国文化等一系列目标市场环境对其影响更大。比如，一旦某西方发达经济体市场对中国主要出口木质林产品实施贸易限制，那么中国木质林产品在该市场的竞争力效应将会大大降低。因此，提升产品市场竞争力效应一定要优先考虑东道国因素。

三、中国木质林产品出口增长成因总结

一是中国木质林产品出口受世界市场规模效应影响明显，2009 年、2016 年世界市场进口需求的急速下滑很大程度上导致了同期中国木质林产品出口的两次下降，金融危机、贸易保护主义等突发事件对世界市场进口需求会产生影响。二是产品结构效应对中国木质林产品出口波动影响不大，中国木质林产品出口的产品结构未能很好地适应世界增长较快的木质林产品进口需求结构变动；相比而言，中国木质林产品出口的市场分布效应则更加显著，澳大利亚、新加坡、越南、印度、沙特等一系列新兴经济体对中国木质林产品的进口需求呈逐年增长态势，新兴市场增长的分布效应贡献量正效应大于日本、中国香港等传统主要市场由进口需求下滑而导致的分布效应贡献量负效应。三是竞争力效应大于市场规模效应和结构分布效应，对中国木质林产品出口波动的影响最大；木质家具、纸及纸制品、木制品和胶合板等是中国木质林产品竞争力效应的主要来源，中国木质林产品在美国、日本、中国香港、英国、新加坡、澳大利亚等主要市场具有较强的市场竞争力。

第二节　中国活性炭产品出口贸易结构

基于相关指标分析 2002～2016 年我国活性炭出口贸易特征、出口结构与竞争力演进情况。

一、中国活性炭产品进出口贸易演进特征

中国活性炭产品进出口贸易演进特征可通过其出口与进口贸易数据比较获得。笔者整理了近 15 年来我国活性炭产品的出口与进口贸易数据，并对我国活性炭产品出口与进口贸易数据进行了比较，详细内容见表 3－9。

表 3-9　2002～2016 年中国活性炭产品的出口与进口贸易数据比较

年份	出口总量/万吨	进口总量/万吨	出口总额/亿美元	进口总额/亿美元	每吨出口单价/美元	每吨进口单价/美元
2002	15.50	1.16	0.85	0.17	545.66	1 451.33
2003	18.91	0.70	0.99	0.19	522.63	2 722.88
2004	24.40	1.21	1.24	0.27	507.15	2 214.51
2005	26.65	2.03	1.39	0.29	520.36	1 437.75
2006	33.86	1.37	1.75	0.32	517.61	2 323.99
2007	37.99	2.02	2.33	0.45	614.19	2 233.67
2008	33.86	2.89	2.82	0.63	833.41	2 162.93
2009	29.59	2.76	2.38	0.72	803.52	2 604.85
2010	32.87	3.44	2.83	0.86	860.04	2 505.05
2011	54.85	3.28	3.81	0.98	694.79	2 977.36
2012	56.23	3.07	3.97	0.96	705.44	3 145.69
2013	56.65	3.12	4.13	1.01	729.16	3 230.14
2014	64.83	3.48	4.12	1.18	635.54	3 383.06
2015	64.03	3.64	3.95	1.20	616.42	3 286.83
2016	64.79	4.01	3.56	1.20	555.04	3 006.36
年均	41.00	2.55	2.67	0.70	644.06	2 579.09

分析表 3-9 的数据可知 2002～2016 年中国活性炭产品的出口贸易演

进特征:一是活性炭产品对外贸易以出口为主,进口额并不大。2002~2016年中国活性炭产品年均出口量达41.00万吨,而年均进口量仅为2.55万吨,充分表明全球市场对我国活性炭产品的需求旺盛。活性炭是中国第二大出口林化产品,我国活性炭原料资源丰富,其国际市场的发展潜力巨大。二是活性炭产品出口量与进口量均呈快速增长态势。受全球金融危机影响,中国活性炭产品出口量在2008~2010年下滑明显,但从2011年开始至今一直保持着平稳快速增长趋势,2016年中国活性炭产品出口量(64.79万吨)比2002年(15.50万吨)增长了3.18倍。15年间中国活性炭产品的进口量增速也较快,2016年中国活性炭进口量(4.01万吨)比2002年(1.16万吨)增长了2.46倍,活性炭产品进口增速略慢于出口增速。三是中国出口活性炭产品价格远低于进口活性炭产品价格,且活性炭出口价格增速缓慢。15年间中国活性炭出口均价为644.06美元/吨,仅约为同期进口活性炭(2 579.09美元/吨)均价的1/4,表明中国活性炭产品的深加工程度偏低。此外,中国进口活性炭产品价格增速迅猛,2016年进口活性炭价格为3 006.36美元/吨,是2002年(1 451.33美元/吨)的2.07倍,而15年间中国出口活性炭价格增速极度缓慢,近两年的价格更是呈下滑趋势,表明中国出口活性炭与进口活性炭产品的附加值差距呈进一步拉大趋势。

二、中国活性炭出口产品结构演进

(一)活性炭产品结构及编码

3802是UN COMTRADE数据库中活性炭产品的HS代码,笔者采用HS2002编码的分类标准,活性炭产品结构及其描述如表3-10所示。

表 3－10　HS2002 编码分类标准的活性炭产品结构及描述

商品编码	商品英文描述	商品中文描述
HS3802	Activated natural mineral products; animal black, including spent animal black	活性天然矿产品；动物炭黑，包括废动物炭黑
HS380210	Activated carbon	木质活性炭
HS380290	Others	非木质活性炭

从表 3－10 可知，HS3802 类活性炭包括 HS380210 与 HS380290 两个细分产品类别。HS380210 为木质活性炭，主要指由锯末、果壳等林产“三剩物”为原料制造的活性炭产品，属于可再生资源。HS380290 为非木质活性炭，是除了木质活性炭以外的所有活性炭，包括煤质活性炭与动物炭黑。HS380290 类活性炭可分为 HS38029011、HS38029012、HS38029019 与 HS38029020 等四小类，笔者只分析 6 位数编码活性炭贸易数据。

（二）活性炭出口产品结构

2002～2016 年中国两大类活性炭产品出口额与出口量数据如表 3－11 所示。

表 3－11　2002～2016 年中国两大类活性炭产品出口数据指标

单位：亿美元

年份	HS380210 类活性炭			HS380290 类活性炭		
	出口额/亿美元	出口量/万吨	每吨出口单价/美元	出口额/亿美元	出口量/万吨	每吨出口单价/美元
2002	0.83	15.08	552.11	0.01	0.42	315.93

续表

年份	HS380210 类活性炭			HS380290 类活性炭		
	出口额/亿美元	出口量/万吨	每吨出口单价/美元	出口额/亿美元	出口量/万吨	每吨出口单价/美元
2003	0.96	18.11	532.69	0.02	0.80	293.94
2004	1.18	21.77	541.59	0.06	2.63	222.36
2005	1.29	21.84	592.33	0.09	4.82	194.04
2006	1.54	24.24	634.47	0.21	9.62	223.10
2007	2.03	26.28	773.34	0.30	11.71	257.07
2008	2.56	25.03	1 022.79	0.26	8.83	296.49
2009	2.13	19.56	1 088.16	0.25	10.03	248.49
2010	2.54	22.08	1 148.50	0.29	10.78	269.30
2011	3.26	24.12	1 351.73	0.55	30.73	179.23
2012	3.33	23.25	1 430.92	0.64	32.98	193.92
2013	3.50	24.78	1 412.30	0.63	31.86	197.87
2014	3.32	24.55	1 354.17	0.80	40.28	197.54
2015	3.13	25.10	1 247.99	0.81	38.93	209.17
2016	2.85	25.69	1 107.45	0.72	39.09	183.67
年均	2.30	22.77	986.04	0.38	18.23	232.14

分析表 3 - 11 数据可知：一是中国出口活性炭产品主要集中于

HS380210类活性炭产品,15年间木质活性炭出口额累计达34.45亿美元,占中国活性炭总出口额的比重为84.02%;HS380290类活性炭产品以煤质活性炭为主,其出口额占比并不高。二是两类活性炭产品出口额均保持增长态势,2016年中国HS380210类活性炭产品出口额达2.85亿美元,比2002年的0.83亿美元增长了2.43倍。三是两类活性炭产品的出口额差额逐步扩大,2002年HS380210类活性炭出口额比HS380290类活性炭出口额多出0.82亿美元,2016年这一差额上升至2.13亿美元。四是从出口量与出口单价变化角度来看,15年间木质活性炭的出口量增长并不快,基本保持在20万吨左右,支撑出口额增长的主要因素是其单价的快速上涨;与之形成鲜明对比的是,非木质活性炭出口量快速增长,但出口单价并未得到较快提升,表明中国出口木质活性炭的价值水平与国际市场认可度要远高于非木质活性炭的。木质活性炭产品的原料来自林产"三剩物",具有绿色环保、可再生的特点,可有效提升森林资源综合利用水平,符合活性炭产业发展潮流。而煤质活性炭原料来自煤炭,其资源具有更强的稀缺性,随着国家重视能源利用及开征资源税,未来中国煤质活性炭生产量及出口比重必将进一步下降。

三、中国活性炭产品出口市场结构演进

(一)中国活性炭产品主要出口市场分布

2002~2016年中国活性炭产品前五大主要出口国家市场如表3-12所示。

表3-12 2002~2016年中国活性炭产品主要出口国家市场

年份	第一大出口市场	第二大出口市场	第三大出口市场	第四大出口市场	第五大出口市场
2002	日本	美国	韩国	意大利	荷兰
2003	日本	美国	韩国	意大利	荷兰

续表

年份	第一大出口市场	第二大出口市场	第三大出口市场	第四大出口市场	第五大出口市场
2004	日本	美国	韩国	荷兰	比利时
2005	日本	美国	韩国	荷兰	意大利
2006	日本	美国	韩国	荷兰	意大利
2007	日本	韩国	美国	荷兰	比利时
2008	日本	荷兰	韩国	美国	比利时
2009	日本	韩国	美国	荷兰	比利时
2010	日本	韩国	荷兰	美国	比利时
2011	日本	韩国	美国	荷兰	比利时
2012	日本	韩国	美国	荷兰	比利时
2013	日本	韩国	美国	荷兰	比利时
2014	日本	韩国	美国	比利时	荷兰
2015	日本	韩国	比利时	泰国	美国
2016	日本	韩国	比利时	美国	泰国

分析表3－12可得出以下结论：一是15年间中国活性炭产品最大出口市场一直是日本，对该市场年均出口额占同期中国活性炭出口额的比重接近27%，但近两年来这一比重有所下降。二是中国活性炭出口市场主要集中于日本、韩国、美国、比利时、荷兰等国，它们在大多数年份占据中国主要出口国家市场前五名。

(二)中国活性炭产品出口市场集中率

本书选取 2002 ~2016 年中国活性炭出口前五大国家市场的数据来测算 *MCR* 指标值,前五大活性炭出口国家的出口市场集中率为 MCR_5,测算出历年中国活性炭产品的 MCR_5 指标值变化如图 3 -3 所示。

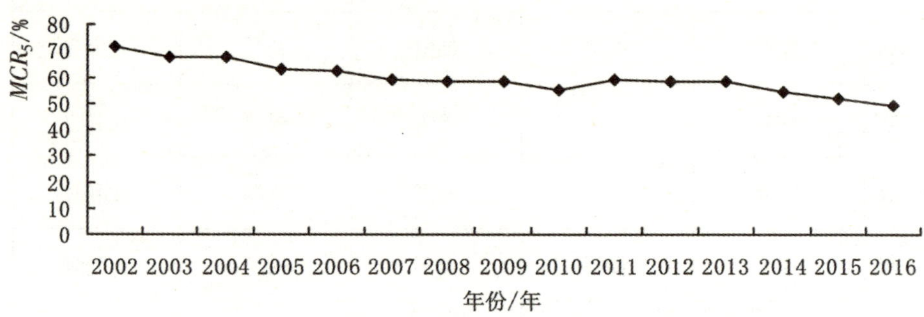

图 3 -3 2002 ~2016 年中国活性炭产品的 MCR_5 指标值变化

由图 3 -3 可知:一是 2002 ~2015 年中国活性炭产品的 MCR_5 指标值一直大于 50% ,表明中国活性炭产品的出口市场集中程度比较高,且对欧美日韩等主要市场有较大的依赖。二是 15 年间 MCR_5 指标值整体呈小幅下降的态势,2016 年这一指标值下降到历史最低,为 49. 16% ,首次低于 50% 的水平,表明中国活性炭出口市场结构在不断优化中。总体来说,中国活性炭 MCR_5 指标值依旧偏高,一旦这些主要出口市场国家出现经济不稳定等特殊情况,可能给中国活性炭出口带来不利影响。

(三)中国活性炭产品出口市场结构的 *HHI* 指数

计算出的 2002 ~2016 年中国活性炭产品的 *HHI* 指标值演变趋势如图 3 -4 所示。

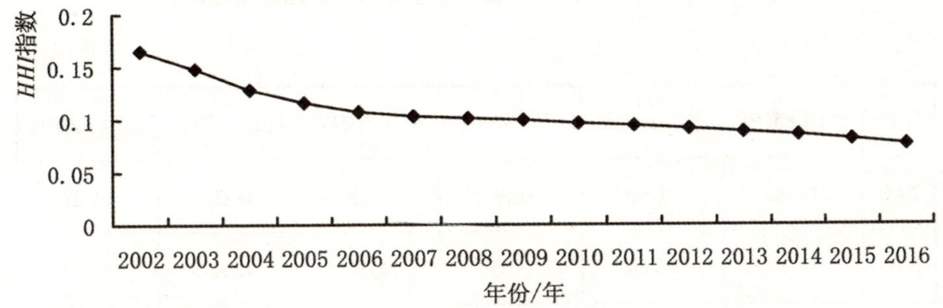

图 3-4 2002~2016 年中国活性炭产品的 *HHI* 指标值变化

根据历年活性炭出口市场贸易数据测算出的中国活性炭 *HHI* 指数整体呈下降态势，该数值从 2002 年的 0.165 大幅下降至 2016 年的 0.076，下降幅度之大说明了我国活性炭出口市场结构在不断优化中。我国活性炭产品出口市场数的变化情况也验证了 *HHI* 指标值的演变趋势，2002 年我国活性炭产品的出口市场数为 90 个，到 2016 年这一数值已增加至 136 个，出口国家或地区市场增加了 46 个，充分说明中国活性炭产品出口市场朝着多元化方向发展，有利于降低产品出口市场结构风险。

第三节 中国活性炭产品出口竞争力

由于活性炭产品出口统计国家数较多，为了便于数据收集整理与分析，本书只对中国与世界主要活性炭产品出口大国的竞争力变化情况进行评价与比较。2015~2016 年世界前六大主要活性炭产品出口国依次为中国、美国、比利时、荷兰、印度与德国，主要对这六国进行活性炭产品出口竞争力的 *EMPR* 与 *UP* 测算比较。

一、中国活性炭产品的 *EMPR*

计算出的 2002~2016 年中国活性炭 *EMPR* 的国际比较数据情况如表 3-13所示。

表 3-13　2002~2016 年中国活性炭 *EMPR* 的国际比较数据

单位:%

年份	中国 *EMPR*	美国 *EMPR*	比利时 *EMPR*	荷兰 *EMPR*	印度 *EMPR*	德国 *EMPR*
2002	12.80	24.90	0.35	5.13	0.00	14.27
2003	13.19	24.84	0.45	4.31	0.88	12.83
2004	14.72	22.41	1.95	3.11	0.88	13.30
2005	14.84	20.12	2.18	3.63	1.73	11.73
2006	15.86	17.99	2.13	7.92	1.57	12.29
2007	16.56	15.50	6.13	7.11	1.56	10.80
2008	14.02	11.30	5.60	6.12	1.66	8.23
2009	13.33	11.94	6.39	6.38	2.46	8.18
2010	15.72	14.81	7.05	7.57	2.96	8.55
2011	17.70	15.78	6.18	7.70	4.15	8.12
2012	16.86	13.69	5.74	7.05	4.97	7.59
2013	17.47	14.20	7.17	7.97	5.26	7.00
2014	14.52	13.14	5.80	7.44	4.30	5.73
2015	17.87	16.71	6.97	6.63	5.72	5.63
2016	13.42	13.96	5.53	5.21	5.05	5.17
年均	15.26	16.75	4.64	6.22	2.88	9.29

分析表 3-13 的数据可得出以下结论:一是 15 年间中国活性炭年均

EMPR 为 15.26%，略小于美国的 16.75%，中美两国活性炭国际市场份额占比均远大于其他国家，可以说中国活性炭参与国际竞争的主要对手来自美国。二是中美两国活性炭的 *EMPR* 变化趋势相反，15 年间中国活性炭*EMPR* 整体呈现小幅稳步增长态势，而美国活性炭 *EMPR* 整体呈下降趋势，中国自 2007 年超越美国成为世界第一大活性炭出口国之后，一直稳居活性炭出口国首位。此现象主要原因来自两点：一方面是由中国活性炭产业的快速发展造成的；另一方面是美国出于环保考虑对活性炭生产进行了严格控制，因为活性炭生产往往伴有粉尘、气体及废水等污染排放。活性炭生产污染问题与其国际市场需求量巨大一直是活性炭生产大国面临的难题，提升中国活性炭出口竞争力同时还需增强国内活性炭企业对生产污染的控制能力。三是德国活性炭 *EMPR* 也持续下滑，印度活性炭 *EMPR* 增速最快，近年来比利时与荷兰活性炭 *EMPR* 变化较为稳定，可以说中国活性炭产品进军国际市场面临诸多对手的激烈竞争。

二、中国活性炭产品的 *UP*

计算出的 2002 ~ 2016 年中国活性炭 *UP* 的国际比较数据情况如表 3 - 14 所示。

表 3 - 14　2002 ~ 2016 年中国活性炭 *UP* 的国际比较数据

单位：美元/吨

年份	中国	美国	比利时	荷兰	印度	德国
2002	545.66	966.09	489.50	1 154.65	0.00	495.95
2003	522.63	1 071.82	467.52	1 680.96	788.67	694.81
2004	507.15	975.78	360.98	1 908.33	871.94	703.44
2005	520.36	991.84	416.31	1 795.00	973.68	714.53

续表

年份	中国	美国	比利时	荷兰	印度	德国
2006	517.61	1 113.80	398.28	2 171.15	1 031.36	786.31
2007	614.19	1 233.81	901.91	2 367.13	951.25	813.55
2008	833.41	1 350.58	1 109.68	2 789.48	924.90	857.46
2009	803.52	1 249.71	1 147.48	2 058.08	328.89	930.37
2010	860.04	1 172.42	1 042.97	2 699.98	1 708.32	976.07
2011	694.79	1 425.37	1 234.44	2 607.40	1 298.82	1 051.37
2012	705.44	1 344.14	1 213.54	1 718.47	1 271.17	945.12
2013	729.16	1 362.72	1 325.44	1 421.66	842.49	913.74
2014	635.54	1 435.97	1 271.21	1 150.34	1 159.51	850.69
2015	616.42	1 501.35	1 127.89	1 429.75	1 175.29	677.81
2016	550.03	1 710.85	1 097.87	1 586.68	958.86	707.28
年均	643.73	1260.42	907.00	1 902.60	952.34	807.90

分析表 3 - 14 的数据可知：一是中国出口活性炭年均 *UP* 值（643.73 美元／吨）在世界活性炭出口大国中最低，荷兰、美国出口活性炭的 *UP* 值分别排名第一、第二位，荷兰出口活性炭 *UP* 值约为中国的 3 倍，表明中国出口活性炭的深加工程度及附加值太低。二是 15 年间中国出口活性炭 *UP* 值增幅最小，近两年来的 *UP* 值下降明显，中国出口活性炭的质量竞争力较低，非常不利于该产业可持续发展。

三、结论

一是中国活性炭产品出口量较大，但进口量并不高，且中国出口活性炭产品价格远低于进口活性炭价格。二是中国出口活性炭产品主要集中于HS380210类产品，符合活性炭产业发展潮流；主要出口市场集中于日韩欧美等国，出口市场结构风险较大；可喜的是，中国活性炭产品的*HHI*指数呈持续下降趋势，出口市场朝多元化方向发展，出口市场结构风险呈下降态势。三是*EMPR*值显示中国活性炭出口竞争力仅次于美国，但发展态势优于美国；*UP*值显示中国出口活性炭产品质量竞争力太低，远低于国际主要竞争对手，中国活性炭产品总体竞争力发展态势不理想。

中国活性炭出口贸易结构与竞争力存在问题的原因主要有以下几点：一是价格偏低是导致中国活性炭产品出口量较大的主要因素，而出口活性炭产品价格偏低的原因无非是质量偏低、深加工不够，深层次原因是小企业泛滥、同行恶性竞争，等等。二是出口活性炭产品价格远低于进口活性炭产品价格的主要原因在于中国活性炭产品的深加工程度不够、品牌缺失等问题的存在，为此有必要进一步实施活性炭产品的深加工战略与品牌打造战略。三是中国活性炭产品出口量较大也存在一定的安全隐患，活性炭出口竞争力较强背后隐含着中国活性炭环境成本较低，中国付出了较高的环境代价。

第四章
环境产品出口增长与技术结构升级

第一节　中国可再生能源产品出口增长及影响因素

一、中国可再生能源产品出口增长特征分析

(一)可再生能源产业产品范畴界定与数据来源

国内外对可再生能源产品的范畴界定并无明确标准。傅喻将可再生能源产业分为核能、风能、太阳能、生物质能、智能电网等5大类,14类细分四位HS编码产品,但部分四位码包含的六位码产品并非属于能源产业,而智能电网类别主要是传统电力设施。世界海关组织"商品名称及编码协调制度"(HS)对进出口商品都进行了编码,中国进出口税则也基于HS编码编制。本部分深入分析HS编码及中国进出口税则,对傅喻的分类法进行完善及补充,将可再生能源产业涉及的出口产品分为核能、风能、太阳能、生物质能等四大类;每个大类产品又包含诸多细分类别,均有特定HS编码对应。可再生能源产业对应产品类别及其HS编码见表4-1。

表 4－1　可再生能源产业分类及主要细分产品对应的 HS 编码

产业类别	产品编码	产品描述
核能产业	HS8401	核反应堆、核反应堆的未辐照燃料元件（释热元件）、同位素分离机器及装置、其他堆内构件
	HS8402	蒸汽锅炉（能产生低压水蒸气的集中供暖用的热水锅炉除外）、过热水锅炉
	HS8404	锅炉辅助设备（如节热器、过热器、除灰器、气体回收器），水蒸气或蒸气动力装置的冷凝器
	HS841950	核反应堆专用热交换器、蒸汽发生器（专用于核反应堆内生成热量输送到进水以产生蒸汽）
风能产业	HS841239	其他气压动力装置
	HS850231	风力发电设备
	HS850300	风力发电设备零件
	HS903289	风力发电设备用控制器
	HS722840	锻造工具圆钢（主要用于风能）
	HS853710	风能控制器
	HS841480	空压机配件（导风筒）
	HS841490	空压机配件（叶轮、风叶等等）
	HS392099	风叶上的塑料消声板

续表

产业类别	产品编码	产品描述
太阳能产业	HS854140	太阳能电池、发光二极管、其他光敏半导体器件
	HS850239	依靠可再生能源生产电力的发电机组
	HS841919	太阳能热水器
	HS850440	太阳能用逆变器装置
	HS854370	太阳能电站
	HS850720	太阳能用铅酸蓄电池
	HS940540	太阳能相关照明装置
	HS901390	太阳能定日镜的零件
	HS280461	多晶硅
生物质能产业	HS440130	锯末、废料等生物质
	HS841620	气体炉用燃烧器、燃烧机等等
	HS850220	天然气发电组、发电机
	HS8405	煤气、乙炔及类似水解气体发生器
	HS847930	颗粒机、木料挤压机、生物质粉碎机等等
	HS840790	沼气发动机

由表 4－1 可知，四大类产品总共包含 28 个细分产品类别。由于有的四位码类产品中仅有部分六位码产品属于可再生能源产业范畴，因此本表中的细分产品类别既有 HS 四位码产品，也有 HS 六位码产品。值得指出的是，

部分产品可能会服务于不同可再生能源产业，比如核能产业的HS8404产品中的HS840410和HS840490两类商品也可以为生物质能产业服务，风能产业的HS850300产品也可为太阳能、生物质能产业服务。为便于分析，将覆盖不同产业的产品归纳于主要服务产业类别。

（二）中国可再生能源产品出口规模及地位

2007～2016年中国可再生能源产业出口规模及地位波动走势如图4－1所示。

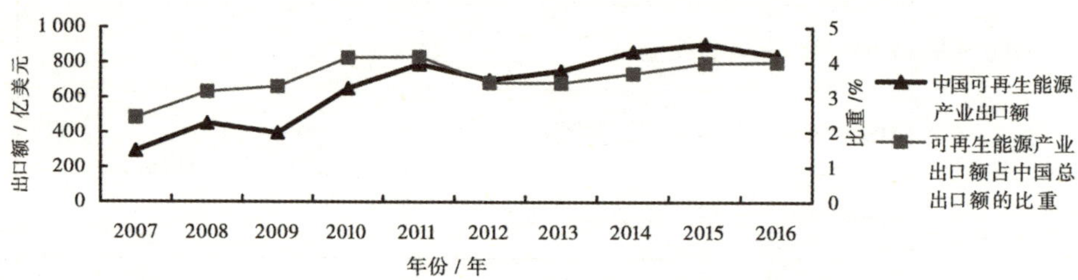

图4－1　2007～2016年中国可再生能源产业出口规模及地位波动走势

由图4－1可知：（1）10年里中国可再生能源产业出口额整体呈增长态势，出口额从2007年的295.51亿美元增长至2016年的838.99亿美元，增长了1.84倍；可再生能源产业出口额占中国总出口额的比重从2007年的2.42%上升至2016年的4.00%，表明可再生能源产业在中国出口中的地位得到较大提升。（2）2009年中国可再生能源产业出口甚至出现下滑，主要原因是受到了全球金融危机大环境影响，2010年以后中国可再生能源产业出口又恢复增长态势，但2012年中国可再生能源产业出口又出现下跌，主要原因之一是受到欧美国家对中国光伏出口产品征收反倾销及反补贴惩罚性关税影响。总体来看，近几年中国可再生能源产业出口走势偏弱。

（三）中国可再生能源产品出口结构演变特征

2007～2016年中国可再生能源产业出口产品结构变动如表4－2所示。

表4－2 2007～2016年中国可再生能源产业出口产品结构变动

年份	核能产业出口额比重/%	风能产业出口额比重/%	太阳能产业出口额比重/%	生物质能产业出口额比重/%
2007	3.93	16.83	74.53	4.71
2008	6.74	16.13	72.86	4.27
2009	8.26	16.25	71.32	4.16
2010	4.66	14.03	78.09	3.23
2011	5.09	15.43	76.23	3.25
2012	4.70	19.27	72.37	3.66
2013	4.14	19.54	72.57	3.74
2014	3.39	19.22	73.88	3.52
2015	3.13	18.35	75.65	2.87
2016	3.91	20.22	73.37	2.49

由表4－2可知：(1)太阳能产业为中国可再生能源主要出口产业，10年里其年均出口额比重高达74.09%，主要出口产品为HS854140(太阳能电池)，多年来中国一直保持着世界第一大太阳能电池出口国的位置。(2)风能产业年均出口占比为17.53%，仅次于太阳能产业，且保持良好的增长态势，2016年的出口额比重已增至20.22%。风能产业是《中国制造2025》计划的重要领域之一，全球风能理事会发布的《全球风电统计数据2016》显示，2016年全球新增风电装机容量超过54.6吉瓦，累计装机容量达486.7吉瓦，其中中国新增装机容量达23.3吉瓦，累计装机容量达168.7吉瓦，风电规模居世界第一；但中国风能产业国外市场占有率还不到世界份额的1%，主要原因是中国风电设备在关键零部件质量、认证体系建设、知识产权保护

等方面与国际先进水平仍有差距，严重制约中国风电设备出口。(3)核能产业与生物质能产业出口额比重偏低，年均均小于5%，但未来发展空间巨大。以核电为例，中国是世界上核电发展最快的国家，当前中国在建核电机组约20台，居世界首位，占全球在建核电机组数的40%，且掌握了具有独立知识产权的核电技术，核电有望成为中国制造的新名片。

(四)中国可再生能源产品出口市场结构演变特征

2007～2016年中国可再生能源产业出口市场份额排名前20位的国家(地区)如表4－3所示。

表4－3　2007～2016年中国可再生能源产业主要出口市场结构

单位：%

年份	澳大利亚	比利时	中国香港	法国	德国	印度	印尼	意大利	日本	马来西亚	墨西哥	荷兰	韩国	俄罗斯	新加坡	西班牙	泰国	英国	美国	越南
2007	0.85	1.73	15.21	1.77	8.40	3.34	1.14	2.59	8.42	1.09	1.18	2.31	5.05	0.86	1.42	5.45	0.91	2.05	16.74	1.06
2008	0.86	1.54	11.65	1.55	9.86	4.35	1.93	2.94	6.66	0.86	1.07	3.04	4.54	1.46	1.20	9.75	0.85	1.55	15.05	1.08
2009	1.34	2.00	13.91	1.79	12.13	5.68	2.11	3.50	6.17	0.91	1.00	5.54	4.05	0.55	1.07	1.42	0.92	1.34	14.93	1.25
2010	2.00	1.82	14.11	2.00	14.18	4.30	1.18	8.43	5.13	0.76	0.84	7.21	2.74	0.66	0.84	1.38	0.67	1.23	13.33	1.07
2011	2.25	2.67	14.00	1.81	9.39	5.20	1.26	5.89	5.78	0.70	0.89	8.17	3.18	0.77	0.81	0.88	1.04	1.57	16.09	1.41
2012	2.19	2.08	13.97	1.45	5.50	3.63	1.55	2.25	7.75	1.18	1.24	7.81	4.03	1.14	1.08	0.82	1.60	1.66	17.34	1.77
2013	1.86	1.07	16.86	1.35	3.64	3.14	1.84	1.32	9.58	1.61	1.34	3.92	4.38	1.40	1.18	0.68	1.52	1.97	16.46	1.98
2014	1.63	0.76	13.33	1.36	3.38	2.68	1.66	1.38	10.68	1.51	1.34	2.97	4.39	2.12	1.45	0.82	1.46	2.74	16.86	3.27
2015	1.52	0.70	14.59	1.40	3.32	3.60	1.54	1.43	8.74	1.69	1.52	2.64	3.85	1.04	2.07	0.89	2.12	2.58	17.64	2.04
2016	1.64	0.59	13.72	1.30	3.57	5.32	1.43	1.41	7.94	1.45	1.71	2.42	3.44	1.59	1.84	0.90	1.90	2.32	18.81	1.89

由表4－3可知：(1)中国可再生能源产业前四大出口市场依次为美国、中国香港、日本与德国，10年里这些市场的年均份额分别为16.33%、14.14%、7.69%和7.34%，累计份额达45.50%；荷兰、印度与韩国也是重要的出口市场，三个市场的年均份额占比也均在4%左右。(2)但从发展趋势来看，中国可再生能源产业出口市场朝多元化方向发展。前20大出口市场份额占比累计值从2007年的81.57%下降至2016年的75.19%，表明中国可再生能源产业的市场集中度在下降，新的市场在不断拓展中。(3)德国、荷兰、韩国等主要出口市场的份额占比呈明显下降态势，马来西亚、泰国、越南、新加坡、俄罗斯等市场份额占比呈小幅增长态势，充分表明新兴市场在中国可再生能源产业出口中扮演着越来越重要的角色。

二、中国可再生能源产品出口波动成因的实证测算与结果

(一)样本选取与模型分析时间段划分

本部分选取美国、中国香港、德国、法国、日本等20个主要出口市场作为分析市场样本，2007～2016年中国可再生能源产业对这20个市场的出口份额累计达80%，具有较强的代表性。图4－1中国可再生能源产业出口规模走势可以总结为"三涨三跌"，故本部分将实证测算时段划分为2007～2008年、2008～2009年、2009～2011年、2011～2012年、2012～2015年、2015～2016年等六个时期。

(二)基础数据测算

测算出20个目标市场各期时间点从世界、中国进口可再生能源产品金额，分别用R_j和V_j表示，R_j用来测算r_j指标。计算出的各期样本市场可再生能源产品进口金额如表4－4所示。

表 4－4　各期样本市场可再生能源产品进口金额

单位:亿美元

样本市场	2007 年		2008 年		2009 年		2011 年		2012 年		2015 年		2016 年	
	R_j	V_j	R_j	V_j	R_j	V_j	R_j	V_j	R_j	V_j	R_j	V_j	R_j	V_j
澳大利亚	27.24	2.51	36.33	3.87	39.09	5.33	51.74	17.81	62.60	15.32	47.31	13.81	44.31	13.74
比利时	42.92	5.10	54.15	6.96	51.29	7.95	70.01	21.10	56.14	14.59	38.28	6.36	39.94	4.96
中国香港	78.95	44.95	85.11	52.74	78.74	55.30	128.15	110.59	130.33	97.83	126.02	132.14	120.36	115.12
法国	85.91	5.23	107.76	7.03	95.44	7.13	147.35	14.32	113.09	10.16	99.82	12.65	99.61	10.91
德国	195.13	24.81	257.88	44.61	235.17	48.22	343.95	74.13	270.51	38.49	229.22	30.05	231.94	29.92
印度	33.93	9.88	51.22	19.69	33.67	22.59	61.71	41.08	53.22	25.40	68.35	32.61	77.74	44.60
印尼	15.74	3.37	22.90	8.74	23.87	8.39	22.25	9.99	28.26	10.83	31.99	13.94	25.41	12.03
意大利	68.45	7.64	86.37	13.31	81.46	13.91	169.55	46.53	97.41	15.78	65.69	12.93	64.92	11.82
日本	98.15	24.88	110.52	30.13	93.73	24.54	128.49	45.61	133.49	54.23	164.15	79.18	152.05	66.63
马来西亚	24.00	3.23	25.50	3.90	22.86	3.61	34.17	5.54	35.40	8.29	39.30	15.29	39.13	12.14
墨西哥	43.61	3.49	77.52	4.84	65.98	3.97	108.06	7.06	122.39	8.68	131.67	13.81	127.52	14.39
荷兰	45.81	6.83	52.75	13.76	47.85	22.03	92.62	64.54	79.04	54.70	67.83	23.95	70.11	20.28
韩国	87.53	14.93	101.69	20.53	90.29	16.11	131.35	25.11	141.66	28.23	123.30	34.88	108.22	28.85
俄罗斯	35.91	2.54	50.36	6.62	48.05	2.17	62.18	6.11	80.93	7.96	49.35	9.38	45.26	13.35
新加坡	32.23	4.20	41.75	5.42	37.36	4.25	47.75	6.41	50.19	7.53	52.51	18.71	51.43	15.44
西班牙	76.52	16.11	135.88	44.15	55.66	5.64	52.85	6.95	38.89	5.74	38.93	8.08	42.50	7.59
泰国	39.35	2.68	47.91	3.84	40.15	3.64	60.51	8.23	82.68	11.22	69.94	19.17	79.96	15.97
英国	70.98	6.05	81.73	7.01	64.20	5.33	105.40	12.43	97.82	11.60	123.55	23.39	112.27	19.44
美国	333.97	49.46	353.86	68.14	299.61	59.38	442.54	127.10	471.70	121.37	553.01	159.81	576.45	157.79
越南	8.50	3.14	17.13	4.87	14.61	4.95	16.97	11.14	19.09	12.37	37.62	18.46	40.63	15.89
其他市场	539.85	54.23	813.93	82.08	846.83	72.94	1 280.56	127.61	1 222.02	139.25	1 281.82	226.77	1 284.80	207.81
世界	1 984.68	295.27	2 612.25	452.26	2 365.91	397.40	3 558.16	789.39	3 386.88	699.59	3 439.65	905.37	3 434.57	838.67

测算出分类可再生能源产品从世界、中国的进口金额，分别用 R_i 和 V_i 表示，R_i 主要用来测算 r_i 指标。测算出的各期分类可再生能源产品进口金额如表 4－5 所示。

表 4－5　各期分类可再生能源产品进口金额

单位：亿美元

产业类别	2007 年		2008 年		2009 年		2011 年		2012 年		2015 年		2016 年	
	R_i	V_i	R_i	V_i	R_i	V_i	R_i	V_i	R_i	V_i	R_i	V_i	R_i	V_i
核能	123.58	11.61	187.93	30.49	192.69	32.86	203.00	40.19	215.19	32.90	213.44	28.38	200.09	32.81
风能	833.21	49.74	1 027.54	73.03	901.54	64.63	1 278.03	121.83	1 308.32	134.91	1 301.16	166.20	1 331.87	169.69
太阳能	950.66	220.24	1 303.51	329.77	1 186.38	283.59	1 958.72	602.00	1 740.72	506.65	1 804.53	685.33	1 794.51	615.57
生物质能	77.24	13.68	93.26	18.97	85.31	16.32	118.40	25.37	122.65	25.13	120.52	25.47	108.09	20.60
世界	1 984.69	295.27	2 612.24	452.26	2 365.91	397.40	3 558.15	789.39	3 386.88	699.59	3 439.65	905.38	3 434.56	838.67

（三）模型计算结果分析

将表 4－4 与表 4－5 的相关数据代入式（1－7），得出实证计算结果如表4－6 所示。

表 4－6　2007～2016 年中国可再生能源产业出口增长成因的 CMS 模型分解结果

出口增长动因	2007～2008 年		2008～2009 年		2009～2011 年		2011～2012 年		2012～2015 年		2015～2016 年	
	贡献量/亿美元	贡献率/%	贡献量/亿美元	贡献率/%	贡献量/亿美元	贡献率/%	贡献量/亿美元	贡献率/%	贡献量/亿美元	贡献率/%	贡献量/亿美元	贡献率/%
出口实际变动	156.99	100.00	－54.86	100.00	391.99	100.00	－89.80	100.00	205.78	100.00	－66.70	100.00
市场规模效应	93.37	59.47	－42.65	77.74	200.26	51.09	－38.00	42.32	10.90	5.30	－1.34	2.00
产品结构效应	4.43	2.82	1.61	－2.93	9.72	2.48	－11.40	12.69	3.11	1.51	－1.47	2.21

续表

出口增长动因	2007～2008年		2008～2009年		2009～2011年		2011～2012年		2012～2015年		2015～2016年	
	贡献量/亿美元	贡献率/%	贡献量/亿美元	贡献率/%	贡献量/亿美元	贡献率/%	贡献量/亿美元	贡献率/%	贡献量/亿美元	贡献率/%	贡献量/亿美元	贡献率/%
市场分布效应	-5.19	-3.31	-9.71	17.71	6.59	1.68	-0.33	0.37	7.42	3.61	-2.12	3.18
产品竞争力效应	27.38	17.44	-7.71	14.06	86.15	21.98	-14.51	16.15	94.33	45.84	-31.21	46.80
市场竞争力效应	37.00	23.57	3.61	-6.58	89.29	22.78	-25.58	28.48	90.03	43.75	-30.56	45.82

1. 市场规模效应分析

一是有四个时期的市场规模效应贡献率超40%，2008～2009年市场规模效应贡献率高达77.74%，表明国际市场需求对中国可再生能源产业出口影响较大。2008～2009年爆发了金融危机，世界市场需求严重下滑，市场规模负效应导致该期中国可再生能源产业出口下滑42.65亿美元。二是从市场规模效应贡献率变动走势来看，2012～2015年、2015～2016年两时期市场规模效应贡献率相对较低，表明市场规模效应对中国可再生能源产业出口影响在下降，主要原因之一是竞争力效应的贡献率在这两时期有大幅提升。

2. 结构分布效应分析

结构分布效应是产品结构效应与市场分布效应的统称。从分解结果来看：一是六个时期的平均产品结构效应远小于市场规模效应。其中，2011～2012年的产品结构效应贡献率达到最高，为12.69%，主要原因是太阳能产品结构效应贡献量（-38.02亿美元）为较大负值；2012年欧美对中国出口光伏产品展开的“双反调查”给中国可再生能源产业出口带来了致命冲击，光伏产品的国内产能又严重过剩，导致80%中国多晶硅企业当年停产。总体来看，产品结构效应对中国可再生能源产业出口拉动有限，表明中国的出口产品结构未能很好地适应世界增长较快进口需求结构变动。二是中国出口市场分布效应也不大，总体来看略大于产品结构效应。市场分布效应贡献量仅有2009～2011年、2012～2015年为正值，而贡献量较大的市场主要是印度、美国、越南、日本、意大利；其余四个时期均为负值，主要原因是中国香港、美国、西班牙、德国、意大利、日本等市场在不同时期的市场分布效应出现较大负值,泰国、越南、印度、其他市场等多数时期的市场分布效应贡献量为正值,但不足以抵消那些市场分布效应负值。这也表明,新兴市场对中国可再生能源产业出口起到了一定的拉动作用,但该作用还有待进一步提升。

3. 竞争力效应分析

一是竞争力效应对中国可再生能源产业出口增长贡献率最高,六个时期年平均贡献率达53.35%,远大于市场规模与结构分布效应。二是六个时期的产品竞争力效应贡献量为"三正三负",与中国可再生能源产业出口规模"三涨三跌"的变动趋势一致;中国太阳能、风能、核能、生物质能四类产业竞争力效应贡献量年均值分别为70.28亿美元、28.08亿美元、4.08亿美元、0.51亿美元,表明中国四类可再生能源产业的出口增速均快于同类产业的世界进口增速,而太阳能与风能产业的国际竞争力优势尤为明显。三是六个时期的市场竞争力效应贡献量为"四正二负",总体贡献量略大于产品竞争力效应;其中,西班牙、美国、印度、荷兰、日本、英国、马来西亚、新加坡、泰国、韩国等市场的总体竞争力效应贡献量较大,中国可再生能源产业对这些市场具有较强的出口竞争力。四是2011~2012年、2015~2016年竞争力效应贡献量为负值,充分说明中国可再生能源产业出口竞争力出现了下降,而主要原因是重点出口市场的贸易壁垒及保护措施。竞争力效应是一个相对指标,不仅受产品本身科技含量、生产工艺、外观、性能等指标情况影响,还受市场准入、贸易壁垒、消费者价值观、东道国文化等一系列目标市场环境制约,一旦主要出口市场对中国出口产品实施贸易限制,那么中国产品在该市场竞争力效应将会大大降低。现阶段,国际出口形势复杂,中国可再生能源产品参与国际竞争不仅要提升自身科技、品牌、渠道及服务等水平,还要充分研究主要出口市场文化、消费偏好、法律及相关规则。

三、结论

1. 中国可再生能源产业出口呈波动增长态势;太阳能为中国可再生能

源主要出口产业,其次是风能产业,核能产业与生物质能产业出口比重偏低;中国可再生能源产业前四大出口市场依次为美国、中国香港、日本与德国。2. 竞争力效应对可再生能源产业出口增长贡献率最高,市场规模效应其次,产品结构效应与市场分布效应最低;金融危机、"双反调查"等外部因素对市场规模效应、产品结构效应、竞争力效应均产生较大负面冲击;印度、泰国、越南等新兴市场对中国可再生能源产业出口市场结构效应提升产生了一定的正面影响,但其作用仍有待进一步提升;中国可再生能源产业出口市场竞争力效应主要来源于美国、欧洲、日本及亚洲新兴经济体。

第二节　中国可再生能源产品出口技术结构的动态变迁

一、样本选取

选取奥地利、比利时、巴西、加拿大、中国、中国香港、捷克、丹麦、芬兰、法国、德国、匈牙利、印度、意大利、日本、马来西亚、墨西哥、荷兰、波兰、韩国、罗马尼亚、俄罗斯、新加坡、西班牙、瑞典、瑞士、泰国、英国与美国等世界29个主要太阳能可再生能源产业出口国(地区)为分析对象。2007～2016年29大出口国(地区)可再生能源产业累计出口额占世界比重超90%,具有较强的代表性。各国(地区)人均GDP来源于世界银行数据库,已进行购买力平价转换。

二、中国可再生能源产业出口技术复杂度动态变迁

(一)可再生能源产业产品技术结构标准划分

测算出2007～2016年分类可再生能源产业各*PRODY*年均值,将其分为高技术复杂度产品(36 858美元<*PRODY*)、中高技术复杂度产品(34 755美

元 < *PRODY*≤36 858 美元)、中技术复杂度产品(32 653 美元 < *PRODY*≤34 755 美元)、中低技术复杂度产品(30 550 美元 < *PRODY*≤32 653 美元)、低技术复杂度产品(28 448 美元 < *PRODY*≤30 550 美元)等 5 个等级,可再生能源产业各产品技术结构分布如表 4 – 8 所示。

表 4 – 8 可再生能源产业各产品技术结构分布表

技术复杂度分类	技术复杂度标准/美元	产品 HS 编码
高技术复杂度产品	36 858 < *PRODY*	HS841620、HS722840、HS850239、HS850231、HS392099、HS280461、HS850220、HS841239
中高技术复杂度产品	34 755 < *PRODY* ≤36 858	HS841950、HS440130、HS854140、HS847930、HS841490、HS8405、HS850440
中技术复杂度产品	32 653 < *PRODY* ≤34 755	HS841480、HS901390、HS940540、HS854370
中低技术复杂度产品	30 550 < *PRODY* ≤32 653	HS8404、HS850300、HS850720、HS8401、HS841919、HS903289、HS853710
低技术复杂度产品	28 448 < *PRODY* ≤30 550	HS840790、HS8402

由表 4 – 8 可知,高技术复杂度产品数量最多,有 8 种;中高技术复杂度、中低技术复杂度产品各有 7 种,中技术复杂度产品有 4 种,低技术复杂度产品仅有 2 种。

(二)中国可再生能源产业产品技术结构动态分布

依据表 4 – 8 的分类,计算出 2007 ~ 2016 年中国可再生能源产业不同技术分类产品集合出口情况,见表 4 – 9。

表4-9　2007~2016年中国可再生能源产业出口技术结构的动态分布

年份	高技术复杂度产品比重/%	中高技术复杂度产品比重/%	中技术复杂度产品比重/%	中低技术复杂度产品比重/%	低技术复杂度产品比重/%
2007	6.28	51.60	22.85	15.90	3.37
2008	6.11	51.54	21.04	15.91	5.39
2009	4.68	52.42	20.15	16.21	6.55
2010	3.61	60.27	18.84	13.54	3.73
2011	4.32	55.86	21.80	13.97	4.05
2012	4.88	49.69	24.75	16.85	3.84
2013	4.90	46.90	28.04	16.85	3.31
2014	4.16	46.24	30.03	16.63	2.94
2015	3.48	45.74	31.70	16.51	2.58
2016	3.37	42.58	33.71	17.71	2.63
年均	4.58	50.28	25.29	16.01	3.84

由表4-9可知:一是中国可再生能源产业出口以中高技术复杂度产品为主,高技术复杂度产品出口额比重比较低。2007~2016年中国高技术复杂度产品年均出口额比重仅为4.58%,中高技术复杂度产品年均出口额比重达50.28%,中等及以下技术复杂度产品年均出口额占比达45.14%。二是中国可再生能源产业出口技术结构呈日益恶化趋势发展。从变化趋势看,高、中高技术复杂度产品出口额比重呈明显下降态势,两类产品累计出口额比重从2007年的57.88%下降至2016年的45.95%,下降幅度高达20.61%;与之相对应,中等及中低技术复杂度产品的出口额比重呈逐渐增

长态势,2016 年中国可再生能源产业中等及以下技术复杂度产品出口额比重达 54.05%。

(三)中国可再生能源产业整体技术水平变化

测算 *EXPY* 的结果显示:2007~2016 年中国可再生能源年均 *EXPY* 值达 34 525 美元,整体技术水平与中技术复杂度产品标准相对应,位居全球产业价值链中端。本部分选取丹麦、中国香港、新加坡、荷兰、瑞士、奥地利、中国、马来西亚、芬兰、美国、韩国、日本、瑞典、德国等年均 *EXPY* 值排名靠前的 14 个国家(地区)进行比较,14 个国家(地区)可再生能源产业 *EXPY* 值变化见表 4-10。

表 4-10 2007~2016 年 14 个国家(地区)可再生能源产业的 *EXPY* 值变化

单位:美元

年份	各国(地区)可再生能源产业 *EXPY* 值													
	丹麦	中国香港	新加坡	荷兰	瑞士	奥地利	中国	马来西亚	芬兰	美国	韩国	日本	瑞典	德国
2007	32 824	33 647	33 483	33 613	34 133	34 097	33 610	33 396	34 077	33 714	32 995	33 505	33 643	33 428
2008	32 572	34 160	34 226	34 204	34 756	34 496	33 557	32 954	34 081	34 119	33 259	33 342	34 310	33 485
2009	31 665	32 810	32 848	32 761	33 534	32 831	32 106	31 486	32 905	32 834	31 722	32 073	33 103	32 232
2010	35 260	34 849	33 690	33 532	34 006	33 742	33 471	32 296	34 198	33 870	33 365	33 196	33 378	33 295
2011	36 908	35 340	34 700	34 222	34 259	34 556	34 479	33 846	34 713	34 179	34 406	34 174	34 468	34 018
2012	35 994	35 583	34 871	34 571	34 319	34 701	34 815	34 625	34 263	34 306	34 456	34 593	34 611	34 491
2013	37 006	36 087	35 035	34 807	34 548	34 432	35 170	35 153	34 548	34 383	34 992	34 747	34 242	34 685
2014	37 413	36 616	35 646	35 513	34 937	34 751	35 554	35 851	34 797	34 993	35 793	35 287	34 720	35 096

续表

年份	各国(地区)可再生能源产业 *EXPY* 值													
	丹麦	中国香港	新加坡	荷兰	瑞士	奥地利	中国	马来西亚	芬兰	美国	韩国	日本	瑞典	德国
2015	38 652	37 105	36 694	36 075	35 288	35 529	36 110	37 189	35 253	35 409	36 150	35 945	34 724	35 762
2016	39 335	37 804	37 533	36 604	35 708	36 159	36 378	38 053	35 592	36 024	36 633	36 491	35 636	36 219
年均	35 763	35 400	34 873	34 590	34 549	34 529	34 525	34 485	34 443	34 383	34 377	34 335	34 283	34 271

由表4－10可知:一是丹麦与中国香港的年均*EXPY*值遥遥领先其余12个国家,表明其可再生能源整体技术水平居世界第一方阵,其余12个国家之间的*EXPY*值差距并不大。丹麦*EXPY*值较高的原因在于其高技术复杂度产品HS850231(风力发电设备)的出口额比重较高,在国际市场具有极强的竞争力。以2016年数据为例,当年丹麦HS850231类产品出口额达31.17亿美元,占据29个国家(地区)总出口额的比重为42.99%。二是2007～2016年中国可再生能源产业整体技术处于中技术复杂度水平,位于14个国家(地区)的中游水平,与丹麦和中国香港有不小的差距。中国主打出口产品类别HS854140(太阳能电池)和HS850440(太阳能用逆变器装置)属于中高技术复杂度产品、HS940540(太阳能相关照明装置)和HS854370(太阳能电站)属于中技术复杂度产品。三是从变化趋势来看,中国可再生能源产业*EXPY*值总体呈现快速增长态势,*EXPY*值从2007年的33 610美元上升至2016年的36 378美元,表明中国可再生能源产业整体技术水平在不断提升。值得关注的是,几乎所有可再生能源出口国家(地区)的*EXPY*值整体均呈现增长态势,但韩国、日本、马来西亚可再生能源产业*EXPY*值增速要明显快于中国,2016年这三个国家的*EXPY*值已经超越了中国,充分表明世界可再生能源产业出口国家(地区)技术竞争日趋白热化,中国可再生能源产业整体技术水平提升面临较大的竞争压力。

三、结论

1. 中国可再生能源产业出口以中高技术复杂度产品为主，高技术复杂度产品出口额比重偏低，且出口技术结构呈恶化趋势，2016 年中国可再生能源中等及以下技术复杂度产品出口额比重升至 54.05%，整体技术水平处于全球产业价值链中端。2. 丹麦凭借风能产业优势取得全球可再生能源技术水平的领先地位，世界各国的可再生能源技术水平均在快速地竞相提升，韩国、日本、马来西亚等国的技术水平提升幅度大于中国，中国可再生能源产业整体技术水平提升的竞争压力较大。

第三节　中国环境产品出口技术结构优化与升级

一、环境产品分类及数据来源

（一）APEC 环境产品分类

有关环境产品分类尚无统一界定标准。基于产品功能及服务产业视角，本书将 54 项 APEC 环境产品分为环境友好、污染控制与处理、水净化、可再生能源、环境监测与分析等 5 大类，详细分类及描述见表 4 – 11。

表 4 – 11　APEC 环境产品分类及 HS 编码描述

产品类别	包含产品编码	产品描述
环境友好	HS441872	装拼的其他竹制多层地板

续表

产品类别	包含产品编码	产品描述
污染控制与处理	HS847982、HS847989、HS847990、HS840410、HS840490、HS840510、HS851410、HS851420、HS851430、HS851490、HS841182、HS841199、HS841780、HS841790	加料和混合设备,废料回收设备,加湿器或除湿机,放射性废物压实机,抽吸机,刮泥机,吸砂机,垃圾压缩机,真空挤压机,消声器,可控空气加热处理炉,电阻加热炉,电感应或电介质损耗炉,电炉和烤箱,功率超 5 000 千瓦的其他燃气轮机,燃气轮机零件,非电动工业或实验室用炉和烘箱及其零件
水净化	HS854390、HS842121、HS842129、HS842139、HS842199	水消毒器、编码为 HS8543 开头的机器/器具零件(以编码 HS85 开头的系列产品未列明电器装置零件),水过滤装置,压滤机,蚀刻液循环再生设备,再生水处理设备,离子交换器,黑液碱回收设备,曝气机,电渗析装置,层流装置,气体净化器
可再生能源	HS840290、HS840420、HS847420、HS854140、HS841919、HS841939、HS841960、HS841989、HS841990、HS841290、HS850164、HS850231、HS850239、HS850490、HS850300	蒸汽锅炉,冷凝器,研磨机,矿物质粉碎机,太阳能电池,光敏半导体设备,发光二极管,太阳能热水器,烘干机及其他,液化机,二氧化氯发生器,处理材料的机械,热水器零件,发动机和电动机零件,功率超 750 千伏安交流发电机、风力发电装置,沼气发电机组,燃气发电机,风力发电机组零件

续表

产品类别	包含产品编码	产品描述
环境监测与分析	HS901580、HS902610、HS902620、HS902680、HS902690、HS902710、HS902720、HS902730、HS902750、HS902780、HS902790、HS903149、HS903180、HS903190、HS903289、HS903290、HS903300、HS901380、HS901390	水道、海洋、水文、气象或地球物理用仪器及器具,液体或气体的流量、液位、压力或其他变量的测量或检查仪器,烟气分析设备,色谱仪和电泳仪器,光谱仪、光度计及摄谱仪,紫外吸收水质监测器,自动红外含油量分析仪,用于物理和化学分析的仪器,显微镜薄片切片机,轮廓投影仪,自动调节或控制仪器和设备,光学装备及零件,以编码 HS90 开头的系列产品的机用零件

由表 4 - 11 可知,5 大类环境产品共包含 54 类 HS 六位码细分产品。其中,环境友好类产品仅有“装拼的其他竹制多层地板”,污染控制与处理类有 14 种,水净化类有 5 种,可再生能源类有 15 种,环境监测与分析类有 19 种。

(二)样本选取及数据来源

选取奥地利、比利时、巴西、加拿大、中国、中国香港、捷克、丹麦、芬兰、法国、德国、匈牙利、意大利、日本、马来西亚、墨西哥、荷兰、韩国、新加坡、南非、西班牙、瑞典、瑞士、泰国、英国、美国与越南等世界 27 个主要环境产品出口国家(地区)作为分析对象。2007 ~ 2016 年 27 个出口国家(地区)可再生能源产业累计出口额占世界比重超 90% ,具有较强的代表性。各国家(地区)人均 GDP 来源于世界银行数据库,已进行购买力平价转换。

二、中国环境产品出口技术复杂度与结构分析结果

(一)环境产品技术结构分布

测算出2007~2016年世界分类环境产品*PRODY*的年均值,将其分为高技术复杂度产品(42 919美元<*PRODY*)、中高技术复杂度产品(37 908美元<*PRODY*≤42 919美元)、中技术复杂度产品(32 989美元<*PRODY*≤37 908美元)、中低技术复杂度产品(27 888美元<*PRODY*≤32 989美元)、低技术复杂度产品(*PRODY*≤27 888美元)等5个等级,世界环境产品技术结构分布情况如表4-12所示。

表4-12　世界环境产品技术结构分布情况

技术复杂度分类	技术复杂度标准/美元	产品HS编码
高技术复杂度产品	42 919<*PRODY*	HS902780(质谱仪)、HS902790(理化分析仪器零件)、HS902750(光学射线仪)、HS902730(分光仪与光度计)、HS902720(色谱仪与电泳仪)
中高技术复杂度产品	37 908<*PRODY*≤42 919	HS902610(液体流量测量仪)、HS847982(研磨机)、HS441872(装拼的其他竹制多层地板)、HS903190(惯性平台平衡夹具)、HS902690(气液测量仪零件)、HS841290(风力发动机零件)、HS841199(燃气轮机零件)、HS903149(轮廓投影仪)、HS851410(可控气氛热处理炉)、HS847990(加湿器或除湿机)、HS901580(舰载重力仪)、HS840510(水解气体发生器)、HS841182(功率超5 000千瓦的其他燃气轮机)、HS854390(探测器用零件)

续表

技术复杂度分类	技术复杂度标准/美元	产品 HS 编码
中技术复杂度产品	HS32 989 < *PRODY*≤37 908	HS850164(可再生燃料交流发电机)、HS850239(可再生能源发电机组)、HS840490(蒸汽锅炉零件)、HS840420(冷凝器)、HS841780(垃圾焚烧炉)、HS903290(控制仪零件)、HS842199(净化机零件)、HS850231(风力发电设备)、HS847420(研磨机)、HS902620(压力计)、HS841989(低温制冷设备)、HS841990(热水器零件)、HS841790(垃圾焚烧炉零件)、HS851420(感应炉及烘箱)、HS842129(压滤机)、HS903180(坐标测量仪)、HS842121(水过滤装置)、HS903300(定日镜零件)、HS841960(液化机)、HS851430(工业用电炉)、HS847989(废料回收设备)、HS841939(烘干机及其他)、HS902710(烟气分析设备)、HS851490(工业用电炉零件)
中低技术复杂度产品	HS27 888 < *PRODY*≤32 989	HS840290(蒸汽锅炉)、HS901380(定日镜)、HS901390(惯性测量夹具)、HS903289(发电机控制器)、HS850490(变压器)、HS840410(锅炉辅助设备)、HS854140(太阳能电池)、HS850300(风电发电机组零件)、HS902680(气体流量测量仪)、HS841919(太阳能热水器)
低技术复杂度产品	*PRODY*≤27 888	HS842139(空气清洁机)

由表 4－12 可知，各类技术复杂度环境产品数量差异较大。其中，中技术复杂度产品有 24 种，中高技术复杂度产品有 14 种，中低技术复杂度产品有 10 种，高技术复杂度产品有 5 种，低技术复杂度产品仅 1 种。

（二）中国环境产品技术复杂度动态分布

依据表 4－12 分类标准，计算出的 2007～2016 年中国环境产品技术复杂度的动态分布如表 4－13 所示。

表 4－13　2007～2016 年中国环境产品技术复杂度的动态分布

年份	高技术复杂度产品比重/%	中高技术复杂度产品比重/%	中技术复杂度产品比重/%	中低技术复杂度产品比重/%	低技术复杂度产品比重/%
2007	1.83	5.58	12.07	79.63	0.89
2008	1.57	5.59	13.13	78.66	1.05
2009	1.52	5.57	14.37	77.17	1.37
2010	1.17	4.81	11.35	81.72	0.96
2011	1.17	5.26	12.03	80.56	0.98
2012	1.40	5.60	13.48	78.41	1.11
2013	1.53	5.86	14.28	76.93	1.40
2014	1.71	7.02	15.96	73.60	1.71
2015	1.80	6.78	16.80	73.10	1.52
2016	2.01	8.03	19.32	68.26	2.38
年均	1.57	6.01	14.28	76.80	1.34

由表 4－13 可知:(1)中国环境产品出口主要集中于中低技术复杂度产品,高技术复杂度产品出口额比重偏低。2007～2016 年中低技术复杂度环境产品年均出口额比重高达 76.80%,高技术复杂度环境产品年均出口额比重仅为 1.57%,中高技术复杂度环境产品年均出口额比重达 6.01%,中等及以下技术复杂度产品年均出口额占比高达 92.42%。统计显示,2007～2016 年中国主要出口环境产品集中于 HS847989(废料回收设备)、HS901380(坐标测量仪)等中技术复杂度产品与 HS854140(太阳能电池)、HS850300(风电发电机组)、HS840410(锅炉辅助设备)、HS840290(蒸汽锅炉)、HS850490(变压器)等中低技术复杂度产品。(2)中国环境产品出口技术结构在不断优化。从演变趋势看,中低技术复杂度产品的出口额比重呈明显下降态势,出口额比重从 2007 年的 79.63% 下降至 68.26%,下降幅度达 14.28%;与之相对应,中高及高技术复杂度产品的出口额比重呈增长态势,两类产品累计出口额比重从 2007 年的 7.41% 上升至 2016 年的 10.04%,增幅达 35.49%;中技术复杂度环境产品的出口额比重也从 2007 年的 12.07% 增长至 2016 年的 19.32%。

(三)中国环境产品整体技术水平变化的国际比较

EXPY 测算结果显示,2007～2016 年中国环境产品年均 *EXPY* 值达 31 090 美元,整体技术水平对应于中低技术复杂度产品标准,位居全球产业价值链中低端。UN COMTRADE 数据显示,2007～2016 年世界前 10 的环境产品出口国家(地区)依次为中国、德国、美国、日本、韩国、新加坡、意大利、中国香港、英国和法国。故本部分选取中国、美国、日本、韩国、新加坡、中国香港、墨西哥、马来西亚、加拿大、泰国、越南等环境产品出口较多的 APEC 成员与德国、意大利、英国、法国等全球环境产品出口排名前 10 的国家(地区)进行比较。2007～2016 年 15 个国家(地区)环境产品 *EXPY* 值变化如表 4－14 所示。

表 4 - 14　2007 ~ 2016 年 15 个国家（地区）环境产品 *EXPY* 值变化

单位：美元

年份	新加坡	美国	英国	法国	意大利	加拿大	德国	日本	中国香港	泰国	马来西亚	墨西哥	中国	韩国	越南
2007	36 835	36 711	36 405	36 026	35 997	35 611	35 563	34 554	33 662	32 488	33 423	32 429	28 438	28 056	33 663
2008	37 645	37 044	36 741	36 630	36 593	35 993	35 343	34 711	32 539	34 113	33 282	32 497	29 674	29 301	27 033
2009	35 966	36 316	36 654	34 626	34 055	34 315	33 780	32 866	31 720	32 258	31 767	31 488	29 307	28 257	27 602
2010	37 833	36 136	35 998	35 671	35 639	35 569	34 660	34 135	33 060	34 137	33 313	32 550	30 789	30 064	29 075
2011	38 066	36 716	36 716	36 129	36 016	36 101	35 486	34 864	34 225	34 559	34 139	32 912	31 668	31 452	30 132
2012	38 294	36 450	36 721	36 149	35 919	35 817	35 802	34 573	33 961	34 415	34 579	32 984	31 451	31 078	31 139
2013	38 260	36 917	37 016	36 430	36 390	36 256	35 969	34 859	33 938	34 588	33 813	32 899	31 755	31 811	32 340
2014	38 922	37 266	37 348	36 844	36 890	36 511	36 387	35 564	34 819	34 622	34 523	33 596	32 855	32 842	32 039
2015	39 521	37 617	37 789	37 007	37 435	37 120	36 727	36 069	35 921	33 572	33 323	33 838	32 636	33 328	32 849
2016	40 013	38 383	38 133	37 996	37 937	37 795	37 613	36 538	36 341	32 994	32 894	34 155	32 330	32 241	31 523
年均	38 136	36 956	36 952	36 351	36 287	36 109	35 733	34 873	34 019	33 774	33 506	32 935	31 090	30 843	30 739

由表 4 - 14 可知：

（1）新加坡环境产品年均 *EXPY* 值排名第一，其环境产品出口结构中的 HS902780（质谱仪）、HS902790（理化分析仪器零件）等高技术复杂度产品和 HS841199（燃气轮机零件）、HS847990（加湿器或除湿机）、HS854390（探测器用零件）等中高技术复杂度产品比重较高，因此整体技术水平领先世界；美国、欧盟国家及日本环境产品年均 *EXPY* 值也处领先位置。

（2）2007 ~ 2016 年中国出口环境产品整体技术处于中低技术复杂度水平，排名仅靠前于韩国和越南，与世界环境产品出口大国德国、美国与日本有较大差距。产品出口结构差异是导致各国家（地区）整体技术水平不同的主要原因,本部分对2007年、2016年世界前6大环境产品出口国环境产品出口技术结构进行比较(见表4-15)。

表4-15 2007年与2016年主要国家环境产品出口技术结构比较

单位:%

出口技术复杂度类别	2007年						2016年					
	中国	德国	日本	韩国	新加坡	美国	中国	德国	日本	韩国	新加坡	美国
低技术复杂度	0.89	4.02	1.20	0.47	0.69	3.48	2.38	7.21	1.13	1.17	0.53	4.62
中低技术复杂度	79.63	22.23	36.86	79.72	24.55	17.77	68.26	15.58	35.80	67.66	23.16	18.15
中技术复杂度	12.07	46.11	38.94	13.56	24.77	31.16	19.32	46.44	34.09	20.37	17.71	32.79
中高技术复杂度	5.58	18.43	15.65	5.83	42.03	35.58	8.03	21.23	17.50	9.12	39.79	30.86
高技术复杂度	1.83	9.21	7.35	0.42	7.95	12.01	2.01	9.54	11.48	1.69	18.81	13.58

很明显,中国与韩国的环境产品结构十分相似,中低技术复杂度产品比重最高,虽然2016年两国中低技术复杂度水平较之2007年有明显下降,但依旧维持在68%左右;从中高技术以上复杂度比重来看,2016年新加坡、美国、德国与日本分别达58.6%、44.44%、30.77%与28.98%,远大于中韩的10%左右比重水平;其中,新加坡与日本高技术复杂度环境产品比重增速明显,分别从2007年的7.95%与7.35%增长至2016年的18.81%与11.48%,而2016年中韩两国高技术复杂度环境产品出口额比重分别仅为2%左右水平。

(3)从变化趋势来看,中国环境产品*EXPY*值总体呈现快速增长态势,*EXPY*值从2007年的28 438美元上升至2016年的32 330美元,表明中国环境产品整体技术水平在不断提升。值得关注的是,除越南、马来西亚和泰国外,2007~2016年其余环境产品出口国家(地区)的*EXPY*值整体均呈增长态势；但中国与韩国环境产品 *EXPY* 值增速分别高达 13.69% 与 14.92%，远大于其余国家，表明中韩两国环境产品的整体技术水平与先进国家间的差距在不断缩小。新加坡、中国香港、加拿大、德国与日本的环境产品 *EXPY* 值增速也分别达 8.63%、7.96%、6.13%、5.76% 和 5.74%，充分表明世界环境产品出口国家（地区）技术竞争日趋白热化。

三、结论

1. 中国环境产品出口以中低技术复杂度产品为主，高技术复杂度产品出口额比重很低，但出口技术结构在不断优化。2. 新加坡环境产品整体技术水平排名世界第一，美国、欧盟及日本环境产品整体技术水平也处领先位置，中国的排名相对落后。3. 主要环境产品出口国家（地区）整体技术水平均在快速提升，但韩国与中国环境产品整体技术水平提升速度分别位居世界前两位，全球环境产品技术竞争日趋白热化。

第五章
中国出口贸易增长成因与结构优化

第一节　中国出口贸易增长特征与影响因素

一、研究对象与数据来源

本书的中国出口商品分类均采用联合国“国际贸易标准分类”第三次修订版（SITC Rev. 3），该分类将所有商品分 SITC0 ~ SITC9 等 10 个类别。其中，SITC0 为食物及活动物，SITC1 为饮料及烟类，SITC2 为原料（不包含燃料），SITC3 为矿物燃料、润滑油及相关原料，SITC4 为动植物油、脂及蜡，SITC5 为化学成品及有关产品，STIC6 为按原料分类的制成品，SITC7 为机械及运输设备，SITC8 为杂项制品，SITC9 为未分类的其他商品。一般认为，SITC0 ~ SITC4 为初级商品，SITC5、SITC7 为技术密集型产品，SITC6、SITC8 为劳动密集型产品。

二、中国出口贸易增长特征分析

（一）出口规模波动特征

2002 ~ 2016 年中国出口规模及占世界出口额比重波动走势如图 5 – 1 所示。

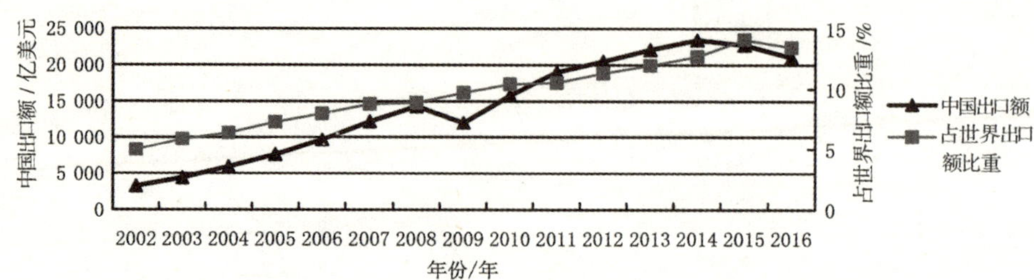

图5－1　2002～2016年中国出口规模及占世界出口额比重波动走势

由图5－1可知:15年里中国出口规模整体呈增长态势,出口额从2002年的3 255.96亿美元增长至2016年的20 976.37亿美元,增长了5.44倍;中国出口额占世界出口额比重由2002年的4.97%上升至2016年的13.43%,增长了1.70倍,中国出口增速要远高于全球贸易增长水平,充分表明我国出口商品在世界市场的地位日益提升。从波动走势来看,2002～2008年中国出口呈平稳增长态势,但2009年出口额(12 016.47亿美元)较之2008年(14 306.93亿美元)出现了大幅下降,主要原因是受到了世界金融危机的大环境影响,世界市场对中国进口需求出现了下滑,但2009年中国出口额占世界出口额的比重(9.70%)依旧大于2008年(8.88%),表明金融危机对世界贸易的负面影响要大于对中国的影响。2010年以后的中国出口又恢复快速增长态势,2014年出口额增长至历史最高点,为16 197.43亿美元。但2015年中国出口额却又比2014年下降了1 178.97亿美元,2016年的出口额继续下降。近几年来,世界贸易格局及金融体系均发生着演变,中国在国际多边领域扮演着越来越重要的角色,但世界单边主义与贸易保护主义也逐渐抬头,中国出口正面临国际市场越来越复杂的巨大挑战。

(二)出口产品结构变化

2002～2016年中国出口产品结构见表5－1。

表5-1　2002~2016年中国出口产品结构

单位:%

年份	第0类 食物及活动物	第1类 饮料及烟类	第2类 原料(不含燃料)	第3类 矿物燃料、润滑油及相关原料	第4类 动植物油、脂及蜡	第5类 化学成品及有关产品	第6类 按原料分类的制成品	第7类 机械及运输设备	第8类 杂项制品	第9类 未分类的其他商品
2002	4.49	0.30	1.35	2.59	0.03	4.71	16.26	39.00	31.07	0.20
2003	4.00	0.23	1.15	2.54	0.03	4.47	15.75	42.85	28.77	0.22
2004	3.18	0.20	0.98	2.44	0.02	4.44	16.96	45.21	26.36	0.19
2005	2.95	0.16	0.98	2.31	0.04	4.69	16.95	46.23	25.48	0.21
2006	2.65	0.12	0.81	1.83	0.04	4.60	18.04	47.10	24.56	0.24
2007	2.52	0.11	0.75	1.71	0.03	4.95	18.05	47.36	24.34	0.18
2008	2.29	0.11	0.79	2.22	0.04	5.54	18.34	47.11	23.43	0.12
2009	2.71	0.14	0.68	1.70	0.03	5.16	15.38	49.19	24.88	0.14
2010	2.61	0.12	0.74	1.69	0.02	5.55	15.79	49.51	23.89	0.09
2011	2.66	0.12	0.79	1.70	0.03	6.04	16.83	47.55	24.16	0.12
2012	2.54	0.13	0.70	1.51	0.03	5.54	16.31	47.12	26.05	0.07
2013	2.52	0.12	0.66	1.53	0.03	5.41	16.38	47.06	26.21	0.08
2014	2.52	0.12	0.68	1.47	0.03	5.74	17.15	45.76	26.44	0.10
2015	2.56	0.15	0.61	1.23	0.03	5.70	17.27	46.66	25.70	0.10
2016	2.91	0.17	0.62	1.28	0.03	5.81	16.81	46.98	25.10	0.28

由表5－1可知：(1)机械及运输设备、杂项制品、按原料分类的制成品为中国主要出口类别，15年里其年均出口额比重分别占46.31%、25.76%、16.82%，累计达88.89%，出口产品集中度很大。其中，杂项制品与按原料分类的制成品生产以劳动密集型为主，而机械及运输设备以技术密集型为主。化学成品及有关产品主要包括医药、化妆品等技术密集型产品，但出口额比重并不高，年均出口额占比仅为5.22%，远低于同期美国水平（约13.34%）。(2)机械及运输设备产品出口以办公设备、通信设备、通用工业机械产品为主，15年里这三大类产品的年均出口额占第7类产品出口额的比重分别为36.09%、35.64%、12.07%，累计占比83.80%；从这三大类产品出口额比重演变趋势来看，办公设备产品出口额比重呈下降态势，但通信设备及通用工业机械产品出口额比重在不断增长，2016年办公设备、通信设备和通用工业机械产品出口额占第7类产品出口额的比重分别为27.64%、44.07%、12.07%。2018年，美国商务部曾对中国中兴通讯实施7年出口禁令，中兴半导体晶片货源被切断，重创中国通信设备制造业的生产及出口。杂项制品出口类别依次主要为服装及配饰、杂货品、家居品等。按原料分类的制成品出口类别依次主要为纺织品、金属制品、铁和钢等。(3)从大的分类产品出口额比重的走势来看，15年里第6、7、8类产品出口额比重波动不大，化学成品及有关产品出口额比重呈小幅增长态势。

（三）出口市场分布变化

中国商品出口市场遍布全球各地，2002～2016年中国15大主要出口市场分布见表5－2。

表 5-2　2002~2016 年中国 15 大主要出口市场分布

单位:%

年份	澳大利亚	中国香港	德国	印度	意大利	日本	马来西亚	荷兰	韩国	俄罗斯	新加坡	阿联酋	英国	美国	越南
2002	1.41	17.96	3.49	0.82	1.48	14.88	1.53	2.80	4.77	1.08	2.15	1.06	2.48	21.51	0.66
2003	1.43	17.41	3.98	0.76	1.52	13.56	1.40	3.08	4.59	1.38	2.02	1.15	2.47	21.14	0.73
2004	1.49	17.00	4.00	1.00	1.55	12.39	1.36	3.12	4.69	1.53	2.14	1.15	2.52	21.09	0.72
2005	1.45	16.34	4.27	1.17	1.53	11.02	1.39	3.40	4.61	1.73	2.18	1.15	2.49	21.42	0.74
2006	1.41	16.03	4.16	1.50	1.65	9.46	1.40	3.19	4.59	1.63	2.39	1.18	2.49	21.03	0.77
2007	1.48	15.12	4.00	1.97	1.74	8.37	1.45	3.40	4.63	2.34	2.45	1.40	2.60	19.11	0.97
2008	1.55	13.33	4.14	2.21	1.86	8.12	1.50	3.21	5.17	2.31	2.26	1.65	2.52	17.67	1.06
2009	1.72	13.83	4.15	2.47	1.68	8.15	1.63	3.05	4.47	1.46	2.50	1.55	2.60	18.42	1.36
2010	1.73	13.84	4.31	2.59	1.97	7.67	1.51	3.15	4.36	1.88	2.05	1.35	2.46	17.99	1.46
2011	1.79	14.12	4.02	2.66	1.77	7.81	1.47	3.13	4.37	2.05	1.87	1.41	2.32	17.12	1.53
2012	1.84	15.79	3.38	2.33	1.25	7.40	1.78	2.87	4.28	2.15	1.99	1.44	2.26	17.20	1.67
2013	1.70	17.41	3.05	2.19	1.17	6.80	2.08	2.73	4.13	2.24	2.07	1.51	2.31	16.71	2.20
2014	1.67	15.50	3.10	2.31	1.23	6.38	1.98	2.77	4.28	2.29	2.09	1.67	2.44	16.95	2.72
2015	1.77	14.54	3.04	2.56	1.22	5.97	1.93	2.62	4.46	1.53	2.28	1.63	2.62	18.03	2.90
2016	1.78	13.69	3.11	2.78	1.26	6.16	1.80	2.74	4.47	1.78	2.12	1.43	2.65	18.39	2.91
年均	1.61	15.46	3.75	1.96	1.53	8.94	1.61	3.02	4.52	1.83	2.17	1.38	2.48	18.92	1.49

由表5－2可知:(1)中国出口市场主要集中于美国、中国香港、日本、韩国与德国,15年里这五大市场的年均份额分别为18.92%、15.46%、8.94%、4.52%与3.75%,五大市场份额占比累计达51.59%,超中国总出口份额的一半以上,出口市场集中度较高。其中,美国市场对中国最为重要,其对中国商品的进口常年保持在接近1/5的份额水平。值得关注的是,如此多的中国商品出口到美国市场,但在美国主要超级市场几乎看不到中国品牌商品,表明中国对美国出口基本以加工贸易与贴牌方式为主,出口附加值并不高,不利于中国企业及其品牌竞争力的提升。(2)中国对传统市场的出口份额在急剧下滑,对新兴市场出口的份额在逐渐增加。中国对五大主要市场的出口份额占比已从2002年的62.61%下降至2016年的45.82%,表明这五大主要出口市场对中国产品的需求增速在不断下降。其中,中国对日本市场的出口下降速度最快,其市场份额从2002年的14.88%快速下降到2016年的6.16%,15年里下降了近60%。与传统市场形成鲜明对比的是,中国对越南、印度、澳大利亚、泰国、阿联酋、马来西亚、俄罗斯、墨西哥、巴西等新兴经济体的出口额呈快速增长态势,表明中国出口市场多元化趋势明显。

三、中国出口波动影响因素测算与结果分析

(一)样本市场与时间段划分

选取澳大利亚、比利时、巴西、加拿大、中国香港、法国、德国、印度、印尼、意大利、日本、马来西亚、墨西哥、荷兰、菲律宾、韩国、俄罗斯、沙特、新加坡、西班牙、泰国、阿联酋、英国、美国、越南等25个出口市场作为分析样本。2002～2016年中国对25个市场出口额占同期中国总出口额的80.64%,样本代表性较强。参照中国出口波动走势,将时间划分为2002～2008年、2008～2009年、2009～2014年、2014～2016年等四个时期。

(二)基础数据测算

测算出美国、中国香港、日本、韩国等25个市场各期从世界、中国进口的

金额，分别用 R_j 和 V_j 表示，R_j 用来测算 r_j。各期样本市场进口金额见表5－3。

表5－3　各期样本市场进口金额

单位：亿美元

样本市场	2002年		2008年		2009年		2014年		2016年	
	R_j	V_j	R_j	V_j	R_j	V_j	R_j	V_j	R_j	V_j
澳大利亚	730.26	45.85	2 006.17	222.47	1 656.01	206.46	2 275.44	391.46	1 894.06	372.82
比利时	1 980.95	28.76	4 663.38	148.71	3 545.86	108.73	4 527.73	172.16	3 727.13	147.31
巴西	472.43	14.66	1 729.85	188.07	1 277.22	141.19	2 291.54	348.90	1 375.52	219.76
加拿大	2 224.40	43.03	4 087.62	217.96	3 212.28	176.75	4 630.89	300.04	4 029.66	273.12
中国香港	2 079.69	584.63	3 929.62	1 907.29	3 522.41	1 662.17	6 006.13	3 630.77	5 471.24	2 872.52
法国	3 038.31	40.88	6 950.04	234.99	5 405.02	216.12	6 598.72	289.76	5 605.55	249.59
德国	4 904.50	113.72	12 042.09	592.09	9 383.63	499.20	12 149.56	727.03	10 606.72	652.14
印度	574.53	26.71	3 157.12	315.85	2 664.02	296.67	4 593.69	542.17	3 567.05	583.98
印尼	312.89	34.26	1 292.44	171.93	968.29	147.21	1 781.79	390.60	1 356.53	321.17
意大利	2 466.09	48.27	5 609.60	266.29	4 147.84	202.44	4 740.83	287.56	4 045.78	263.60
日本	3 376.13	484.34	7 625.34	1 161.32	5 519.85	979.11	8 121.85	1 493.91	6 069.24	1 292.68
马来西亚	861.36	49.74	1 556.61	214.55	1 235.75	196.32	2 088.23	463.53	1 683.75	376.60
墨西哥	1 686.51	28.64	3 085.83	138.66	2 343.85	122.99	3 999.77	322.55	3 870.64	323.57
荷兰	1 941.15	91.08	4 949.37	459.19	3 821.90	366.82	5 080.33	649.29	3 983.36	574.47
菲律宾	410.92	20.42	604.20	91.32	458.78	85.85	677.19	234.74	859.09	298.37

续表

样本市场	2002 年		2008 年		2009 年		2014 年		2016 年	
	R_j	V_j	R_j	V_j	R_j	V_j	R_j	V_j	R_j	V_j
韩国	1 521.24	155.35	4 352.71	739.32	3 230.82	536.80	5 255.57	1 003.33	4 061.82	937.07
俄罗斯	461.77	35.21	2 670.51	330.76	1 708.27	175.14	2 866.49	536.77	1 822.57	373.40
沙特	304.66	16.72	1 122.73	108.23	924.57	89.78	1 682.40	205.75	1 297.96	186.51
新加坡	1 164.41	69.84	3 230.20	323.06	2 472.16	300.66	3 662.47	489.11	2 830.09	444.96
西班牙	1 659.20	26.11	4 187.28	208.18	2 875.02	140.78	3 509.78	215.02	3 025.39	213.11
泰国	646.45	29.57	1 786.13	156.36	1 337.70	133.07	2 279.32	342.89	1 957.14	371.83
阿联酋	426.52	34.51	1 754.86	236.44	1 642.51	186.32	2 986.11	390.35	2 708.82	300.67
英国	3 720.59	80.59	7 053.44	360.73	5 520.42	312.77	6 943.44	571.41	6 363.68	556.64
美国	12 000.96	700.50	21 648.34	2 528.44	16 018.96	2 212.95	24 108.55	3 970.99	22 482.09	3 856.78
越南	197.46	21.48	807.14	151.22	699.49	163.01	1 478.39	637.30	1 749.78	610.94
其他市场	16 339.98	431.09	49 155.65	2 833.5	38 254.53	2 357.16	60 400.03	4 815.54	49 723.08	4 302.76
世界	65 503.36	3 255.96	161 058.27	14 306.93	123 847.16	12 016.47	184 736.24	23 422.93	156 167.74	20 976.37

细分产品从世界、中国进口的金额分别用 R_i 和 V_i 表示，R_i 用来测算 r_i 。各期分类产品进口金额见表 5－4。

表 5－4　各期分类产品进口金额

单位:亿美元

产品名称	2002 年		2008 年		2009 年		2014 年		2016 年	
	R_i	V_i	R_i	V_i	R_i	V_i	R_i	V_i	R_i	V_i
第 0 类	3 836.66	146.21	8 510.12	327.62	7 611.47	326.03	11 051.11	589.14	10 035.75	610.77
第 1 类	630.65	9.84	1 173.59	15.29	1 092.06	16.41	1 447.61	28.83	1 361.95	35.39
第 2 类	2 161.67	44.02	6 740.53	113.19	4 719.37	81.56	7 881.93	158.26	5 944.23	131.00
第 3 类	6 139.41	84.35	28 029.51	317.73	17 666.44	203.83	30 035.38	344.46	14 796.22	268.71
第 4 类	244.95	0.98	858.79	5.95	649.04	3.39	927.69	6.78	827.69	6.14
第 5 类	7 017.95	153.25	17 216.87	793.13	14 669.93	620.08	20 810.85	1 344.82	18 463.77	1 218.46
第 6 类	8 911.39	529.54	21 557.81	2 623.91	15 217.36	1 847.75	22 382.02	4 017.49	18 631.24	3 526.83
第 7 类	25 712.29	1 269.76	53 745.01	6 740.65	42 095.45	5 911.28	63 226.55	10 718.13	59 545.13	9 855.54
第 8 类	8 474.22	1 011.53	16 620.38	3 352.36	14 215.72	2 989.86	19 791.63	6 192.34	18 713.72	5 265.53
第 9 类	2 374.16	6.48	6 605.68	17.10	5 910.31	16.29	7 181.48	22.67	7 848.05	58.01
世界	65 503.36	3 255.96	161 058.27	14 306.93	123 847.16	12 016.47	184 736.24	23 422.93	156 167.74	20 976.37

(三)模型计算结果分析

将表 5－3 与表 5－4 的相关数据代入式(1－7),得出 2002～2016 年中国出口波动成因的 CMS 模型分解结果,详细内容见表 5－5。

表 5-5 2002~2016 年中国出口波动成因的 CMS 模型分解结果

出口增长动因	2002~2008 年		2008~2009 年		2009~2014 年		2014~2016 年	
	贡献量/亿美元	贡献率/%	贡献量/亿美元	贡献率/%	贡献量/亿美元	贡献率/%	贡献量/亿美元	贡献率/%
出口实际变动	11 050.97	100.00	-2 290.46	100.00	11 406.45	100.00	-2 446.55	100.00
市场规模效应	4 749.73	42.98	-3 305.49	144.32	5 907.86	51.79	-3 622.23	148.05
产品结构效应	-412.12	-3.73	140.00	-6.11	-141.63	-1.24	783.92	-32.04
市场分布效应	-155.59	-1.41	79.58	-3.47	332.25	2.91	165.61	-6.77
产品竞争力效应	3 562.74	32.24	367.52	-16.05	2 890.92	25.34	-196.08	8.01
市场竞争力效应	3 306.21	29.92	427.93	-18.68	2 417.05	21.19	422.23	-17.26

1. 市场规模效应对中国出口波动的影响

由表 5-5 可知，市场规模效应对中国出口波动影响较大，四个时期最低贡献率也达到 42.98%，2014~2016 年这个时期高达 148.05%，表明国际市场需求对中国商品出口影响较大。这种现象具有两面性：当国际市场需求环境良好时，其对中国出口的拉动作用会十分明显；当国际市场需求环境恶化时，其对中国出口的制约作用也同样很大。比如 2008~2009 年这个时期，金融危机导致 2009 年中国出口急剧下滑。2008 年世界进口需求的市场规模达 161 058.27 亿美元，而 2009 年这一需求的市场规模下降至 123 847.16 亿美元，下降了 23.10%；与之相对应的是，2008 年中国出口额达 14 306.93 亿美元，但 2009 年这一数值仅为 12 016.47 亿美元，下降了 16.01%。因此，金融危机不仅影响世界商品需求及出口，还严重波及中国出口。值得一提的是：2002~2008 年、2009~2014 年这两个时期市场规模效应对中国出口产生正面影响，其正面贡献率分别为 42.98% 与 51.79%；相对而言，2008~2009 年、2014~2016 年两个时期起负面影响，其负面贡献率则分别高达

144.32%与148.05%,说明市场规模效应对中国出口的负面影响很有可能比正面影响更大。因此,提高国际市场抗风险能力是中国出口竞争力提升面临的重要问题,一旦美国、日本、韩国、欧洲国家等主要市场的需求及政策发生变动,将严重影响中国出口。

2. 结构分布效应对中国出口波动的影响

结构分布效应是产品结构效应与市场分布效应的统称,从模型分解来看,四个时期的产品结构效应远小于市场规模效应。在2002~2008年、2009~2014年中国两个出口增长时期,产品结构效应贡献量均为负值,主要原因是杂项制品结构效应贡献量为较大负值;在2008~2009年、2014~2016年中国两个出口下滑时期,产品结构效应贡献量均为正值,主要原因是机械及运输设备、杂项制品、化学成品及有关产品结构效应贡献量为较大正值。总体来看,产品结构效应对中国出口拉动有限,表明中国出口产品结构未能很好地适应世界增长较快的进口需求结构变动。中国出口市场分布效应不大,但发展走势要优于产品结构效应。市场分布效应对出口贡献量从第一期到第四期分别为-155.59亿美元、79.58亿美元、332.25亿美元、165.61亿美元,表明市场分布效应对出口贡献呈由负到正转换趋势,市场分布效应在不断优化。虽然第四期市场分布效应贡献量小于第三期的,但其同期中国出口贡献率绝对值(6.77%)却要大于第三期(2.91%),表明市场分布效应对中国出口整体拉动正效应越来越强。这种变化主要原因是近年来中国出口市场越来越多元化,不断有新兴出口市场拓展,且新兴市场进口持续增长拉动着中国出口整体增长。越南、印度、阿联酋、马来西亚、巴西、菲律宾、其他市场等一系列新兴经济体市场分布效应贡献量多数时期为较大正值,新兴经济体的市场分布效应贡献量正效应总体超越了日本、韩国、意大利、西班牙等传统市场分布效应贡献量负效应。

3. 竞争力效应对中国出口波动的影响

2002~2016年四个时期竞争力效应贡献量分别为6 868.95亿美元、795.45亿美元、5 307.97亿美元、226.15亿美元,均为正值,表明竞争力效应对中国出口波动产生正面贡献,2002~2008年、2009~2014年两个阶段竞争力效应贡献率要明显大于2008~2009年、2014~2016年两个时期。竞争力效应是一个相对指标,不仅受产品本身科技含量、生产工艺、外观、性能等指标情况影响,还受市场准入、贸易壁垒、消费者价值观、东道国文化等一系列目标市场环境制约,一旦某西方发达经济体市场对中国出口产品实施贸易限制,那么中国产品在该市场竞争力效应将会大大降低。现阶段,国际出口形势复杂,中国产品参与国际竞争不仅要提升自身科技、品牌、渠道及服务等水平,还要充分研究主要出口市场文化、消费偏好、法律及相关规则,2014~2016年竞争力效应总体偏低充分说明中国出口正面临着巨大挑战,其竞争力效应有待进一步提升。

从分类产品竞争力效应的贡献率来看,机械及运输设备、按原料分类的制成品、杂项制品、化学成品及有关产品等在前三个时期呈现较大正值,对中国出口竞争力提升起到关键作用,但2014~2016年这四类产品竞争力效应均呈现负值,表明中国主打产品类别出口增速已低于同类产品世界进口增速,中国主打产品出口难度远大于以往。值得一提的是,食物及活动物竞争力效应在四个时期均保持正值,且整体呈现增长态势,表明中国农产品国际竞争力有了较大提升。从市场竞争力效应贡献率来看,中国出口市场竞争力效应主要来源于美国、中国香港、日本、韩国等市场,这些市场依旧主导着中国出口竞争力效应表现,中国出口商品在这些传统市场保持着较强竞争力。值得关注的是,中国出口在其他市场、马来西亚、泰国、越南、阿联酋、俄罗斯等竞争力效应贡献量也越来越大,尤其是在其他市场四个时期的竞争力效应均为较大正值,充分表明新兴市场对中国出口贡献和影响力在不断增大,其将是中国出口未来潜力有待挖掘的重要市场。

四、中国出口贸易出口增长总结

主要结论:(1)中国出口受世界市场规模效应影响较大,2008~2009年、2014~2016年世界市场进口需求急速下滑很大程度上导致了同期中国出口增长停滞,在全球经济增长缓慢及贸易保护主义抬头背景下,中国出口面临着巨大挑战。(2)产品结构效应对中国出口拉动有限,出口市场分布效应也不大,但发展走势优于产品结构效应。越南、印度、阿联酋、马来西亚、巴西、菲律宾、其他市场等一系列新兴市场分布效应贡献量正效应超越了日本、韩国、意大利、西班牙等传统主要市场由进口需求下滑而导致的分布效应贡献量负效应。(3)竞争力效应对中国出口波动产生正面贡献,机械及运输设备、按原料分类的制成品、杂项制品、化学成品及有关产品等对中国出口竞争力提升起到关键作用,但2014~2016年这四类产品的竞争力效应均呈现负值,当前中国主打产品出口难度远大于以往时期。农产品竞争力效应整体呈现增长态势。中国出口市场竞争力效应主要来源于美国、中国香港、日本、韩国等传统市场,但马来西亚、泰国、越南、阿联酋、俄罗斯等新兴市场对中国出口贡献在不断增大。

第二节　中国对区域全面经济伙伴关系其他国家出口波动成因

一、研究对象与数据来源

除中国外,RCEP谈判国还有澳大利亚、印度、日本、韩国、新西兰与东盟十国,东盟十国包括马来西亚、印度尼西亚、泰国、菲律宾、新加坡、文莱、越南、老挝、缅甸和柬埔寨,本部分研究对象指这15个国家。本书的中国出口商品分类均采用联合国"国际贸易标准分类"第三次修订版(SITC Rev. 3),该分类将所有商品分SITC0~SITC9等10个类别。其中,SITC0为食物及活动物,SITC1为饮料及烟类,SITC2为原料(不包含燃料),SITC3为矿物燃料、润滑油及相关原料,SITC4为动植物油、脂及蜡,SITC5为化学成品及有关产品,STIC6为按原料分类的制成品,SITC7为机械及运输设备,SITC8为杂项制品,SITC9为未分类的其他商品。一般认为,SITC0~SITC4为初级商品,SITC5、SITC7为技术密集型产品,SITC6、SITC8为劳动密集型产品。

二、中国对 RCEP 其他国家出口贸易波动特征

(一)对 RCEP 其他国家的出口规模波动特征

2002～2016 年中国对 RCEP 其他国家出口规模及占中国出口额比重如图 5－2 所示。

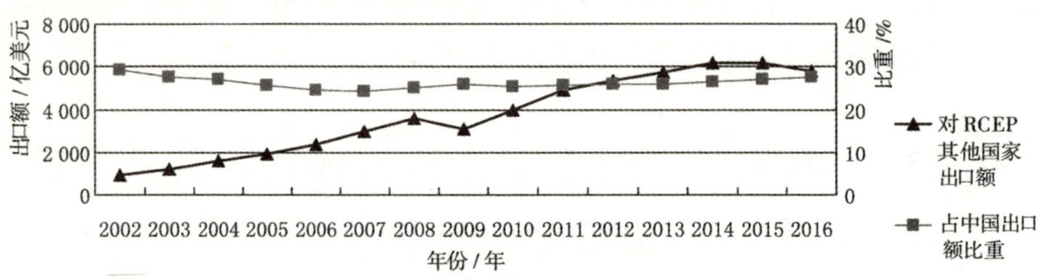

图 5－2　2002～2016 年中国对 RCEP 其他国家出口规模及占中国出口额比重

由图 5－2 可知:2002～2016 年中国对 RCEP 其他国家出口规模整体呈增长态势,出口额从 2002 年 954.05 亿美元增长至 2016 年 5 794.19 亿美元,增长了 5.07 倍,增速略低于同期中国出口增速(5.44 倍)。从波动走势来看,2002～2008 年中国对 RCEP 其他国家出口呈平稳增长态势,但 2009 年出口额(3 102.85 亿美元)较之 2008 年(3 607.23 亿美元)出现大幅下降,主要是受金融危机影响,15 个国家市场对中国进口需求出现下滑,但 2009 年中国对 RCEP 其他国家出口额占中国出口额比重(25.82%)依旧大于 2008 年(25.21%),表明危机背景下 RCEP 其他国家对中国出口贸易需求有较强支撑。2010 年以后中国对 RCEP 其他国家出口又恢复增长态势,2014 年中国出口额增长至历史最高点,为 6 198.72 亿美元。但 2015 年中国对 RCEP 其他国家出口额同比下降,2016 年出口额继续下降至 5 794.19 亿美元,2015 年与 2016 年中国对世界出口也出现了下滑,在全球经济低迷、贸易保护主义抬头等诸多复杂背景下,中国对 RCEP 市场及世界的出口均面临着巨大挑战。

值得肯定的是,15 年里中国对 RCEP 其他国家出口额占同期中国总出

口额的比重年均达26.26%，世界上有200多个国家，表明15个RCEP贸易伙伴对中国商品进口需求旺盛，对中国出口贸易至关重要。但从发展趋势来看，中国对RCEP其他国家出口额占中国出口额比重由2002年的29.30%下降至2016年的27.62%，2004年这一数值仅为24.38%，表明RCEP其他国家对中国商品进口需求增速低于世界对中国商品进口需求增速。值得关注的是，一旦RCEP协议达成并实施，建成16国统一市场的自由贸易协定，必将进一步削减各种关税及非关税壁垒，15国对中国商品进口需求增速必将超越世界市场对中国进口需求增速，成员国间贸易量及依存度将进一步提升，该市场巨大贸易潜力也将被激发出来。

（二）对RCEP其他国家的出口产品结构变化

进一步分析中国产品在RCEP市场动态分布，2002～2016年中国对RCEP市场出口产品结构情况见表5－6。

表5－6　2002～2016年中国对RCEP市场出口产品结构情况

单位：%

年份	食物及活动物	饮料及烟类	原料（不含燃料）	矿物燃料、润滑油及相关原料	动植物油、脂及蜡	化学成品及有关产品	按原料分类的制成品	机械及运输设备	杂项制品	未分类的其他商品
2002	9.18	0.25	2.20	5.28	0.02	5.64	15.27	35.37	26.72	0.08
2003	8.14	0.21	1.94	5.64	0.03	5.70	15.49	37.63	25.12	0.10
2004	6.59	0.18	1.54	5.06	0.03	5.92	18.02	40.17	22.28	0.22
2005	6.11	0.15	1.54	5.38	0.05	6.35	19.16	40.13	20.82	0.29
2006	5.42	0.14	1.29	4.04	0.04	6.81	20.68	41.67	19.58	0.33
2007	4.88	0.14	1.17	3.65	0.03	7.58	21.04	42.39	18.84	0.28
2008	3.80	0.12	1.24	3.86	0.06	8.12	21.51	43.19	17.80	0.31

续表

年份	食物及活动物	饮料及烟类	原料(不含燃料)	矿物燃料、润滑油及相关原料	动植物油、脂及蜡	化学成品及有关产品	按原料分类的制成品	机械及运输设备	杂项制品	未分类的其他商品
2009	4.64	0.14	1.10	3.40	0.04	7.32	16.71	46.32	19.99	0.33
2010	4.62	0.13	1.19	3.19	0.03	8.41	18.51	44.80	18.86	0.24
2011	4.70	0.13	1.23	2.90	0.03	9.34	19.92	42.34	19.11	0.29
2012	4.48	0.14	1.12	2.39	0.03	8.34	19.36	42.84	21.17	0.12
2013	4.36	0.13	1.01	2.63	0.03	7.99	19.70	42.59	21.50	0.05
2014	4.28	0.14	1.02	2.62	0.03	8.49	21.12	41.67	20.59	0.03
2015	4.32	0.13	0.89	2.11	0.03	8.50	20.96	42.58	20.41	0.08
2016	4.80	0.15	0.91	2.30	0.03	8.58	20.96	42.57	19.36	0.35

由表5-6可知:一是中国对RCEP其他国家出口主要集中于机械及运输设备、杂项制品与按原料分类的制成品,15年里三类产品年均出口额比重分别占41.75%、20.81%、19.23%,累计达81.79%。其中,杂项制品与按原料分类的制成品生产以劳动密集型为主,而机械及运输设备以技术密集型为主。此外,化学成品及有关产品主要包括医药、化妆品等技术密集型产品,年均出口额占比达7.54%,食物及活动物年均出口额占比为5.36%,其余产品出口额比重较低。二是机械及运输设备产品出口依次以SITC77(电子仪表及零部件)、SITC76(通信设备)、SITC75(办公设备)、SITC74(通用工业机械)产品为主。值得指出的是,电子仪表及零部件、通信设备等产品出口的加工贸易比重偏高。杂项制品出口主要为服装及配饰、杂货品、家居品等。按原料分类的制成品出口主要为纺织品、金属制品、铁和钢等。三是从分类产品出口额比重走势来看,15年里机械及运输设备、杂项制品、按原料

分类的制成品这三大出口产品份额波动不大，化学成品及有关产品出口额比重从2002年的5.64%上升至2016年的8.58%，食物及活动物，矿物燃料、润滑油及相关原料的出口额比重呈下滑态势。

（三）对RCEP其他国家出口市场分布变化

2002～2016年中国对RCEP其他国家出口分布情况如表5－7所示。

表5－7　2002～2016年中国对RCEP其他国家出口分布

单位：%

年份	澳大利亚	文莱	柬埔寨	印度	印尼	日本	老挝	马来西亚	缅甸	新西兰	菲律宾	韩国	新加坡	泰国	越南
2002	4.81	0.02	0.26	2.80	3.59	50.77	0.06	5.21	0.76	0.62	2.14	16.28	7.32	3.10	2.25
2003	5.18	0.03	0.24	2.77	3.71	49.16	0.08	5.08	0.75	0.66	2.56	16.63	7.34	3.17	2.63
2004	5.52	0.03	0.28	3.71	3.91	45.92	0.06	5.05	0.59	0.67	2.67	17.37	7.93	3.62	2.66
2005	5.65	0.03	0.27	4.56	4.26	42.89	0.05	5.42	0.48	0.69	2.39	17.93	8.49	3.99	2.88
2006	5.74	0.04	0.29	6.15	3.98	38.61	0.07	5.71	0.51	0.68	2.42	18.76	9.77	4.11	3.15
2007	6.05	0.04	0.30	8.09	4.27	34.32	0.06	5.97	0.57	0.73	2.53	18.97	10.07	4.05	4.00
2008	6.17	0.04	0.30	8.76	4.77	32.19	0.07	5.95	0.55	0.70	2.53	20.50	8.96	4.33	4.19
2009	6.65	0.05	0.29	9.56	4.74	31.56	0.12	6.33	0.73	0.67	2.77	17.30	9.69	4.29	5.25
2010	6.82	0.09	0.34	10.26	5.50	30.35	0.12	5.97	0.87	0.69	2.89	17.24	8.11	4.95	5.79
2011	6.93	0.15	0.47	10.33	5.97	30.29	0.10	5.70	0.99	0.76	2.91	16.94	7.27	5.25	5.94
2012	7.08	0.24	0.51	8.95	6.43	28.46	0.18	6.85	1.06	0.73	3.14	16.45	7.65	5.85	6.42

续表

年份	澳大利亚	文莱	柬埔寨	印度	印尼	日本	老挝	马来西亚	缅甸	新西兰	菲律宾	韩国	新加坡	泰国	越南
2013	6.53	0.30	0.59	8.42	6.42	26.09	0.30	7.98	1.28	0.72	3.45	15.84	7.96	5.69	8.44
2014	6.32	0.28	0.53	8.75	6.30	24.10	0.30	7.48	1.51	0.76	3.79	16.19	7.89	5.53	10.28
2015	6.53	0.23	0.61	9.43	5.56	21.96	0.20	7.12	1.56	0.80	4.32	16.40	8.41	6.20	10.69
2016	6.43	0.09	0.68	10.08	5.54	22.31	0.17	6.50	1.41	0.82	5.15	16.17	7.68	6.42	10.54

由表5-7可知:一是中国对RCEP市场出口主要集中于日本、韩国、新加坡、印度与澳大利亚,15年里这五大市场的年均份额分别为33.93%、17.27%、8.30%、7.51%与6.16%,五大市场份额占比累计达73.17%,出口市场集中度极高,也一定程度上反映出RCEP其他国家经济发展水平及进口能力差异较大。其中,日本与韩国对中国最为重要,中国对这两大市场出口份额累计达51.20%,占对RCEP市场出口一半以上。值得关注的是,如此多的中国制造出口到日本、韩国市场,但以中国品牌销售的商品比例较低,主要原因是中国出口以加工贸易与贴牌方式为主,出口附加值并不高。即使以中国品牌进行销售,多数商品品牌定位及市场份额也不高。以家电业为例,近两年来TCL、海尔、小米等品牌逐渐进入日韩市场,主要以物美、价廉、高性价比开展竞争,虽然抢得了一定的市场份额,但短期内依旧难撼动日韩本土品牌的主导地位,未来市场竞争压力较大。二是中国对日本市场出口份额在急剧下滑,对RCEP新兴市场出口份额呈增长态势。中国对日本市场出口份额占比从2002年的50.77%下降至2016年的22.31%,表明日本对中国产品需求增速在不断下降。与之形成鲜明对比的是,中国对越南、印度、泰国、菲律宾等新兴市场出口份额分别从2002年的2.25%、2.80%、3.10%、2.14%快速增长至2016年的10.54%、10.08%、6.42%、5.15%,2016年四国累计份额已达32.19%,中国对RCEP市场出口分布在发生着重

要变化。此外,中国对澳大利亚、马来西亚、印尼、缅甸出口份额也呈小幅增长态势,对韩国、新加坡出口份额保持稳定,对文莱、柬埔寨、老挝、新西兰出口份额较小。

三、中国对 RCEP 其他国家出口波动成因分析的实证测算及结果

(一)时间段划分

参照图 5-2 中国对 RCEP 其他国家出口规模及占中国出口额比重波动走势,本部分将时间段划分为 2002~2008 年、2008~2009 年、2009~2014 年、2014~2016 年等四个时期。

(二)基础数据测算

测算出 15 个 RCEP 其他国家分类产品在各期从世界、中国进口金额,分别用 *RW* 和 *VC* 表示,*RW* 用来测算 r_i 指标。测算出的各期分类产品进口金额如表 5-8 所示。

表 5-8 RCEP 其他国家各期从世界及中国进口分类产品情况

单位:亿美元

产品名称	2002 年		2008 年		2009 年		2014 年		2016 年	
	RW	*VC*	*RW*	*VC*	*RW*	*VC*	*RW*	*VC*	*RW*	*VC*
食物及活动物	662.49	87.60	1 231.61	136.92	1 105.03	143.96	1 691.91	265.43	1 672.79	278.19
饮料及烟类	83.13	2.34	134.34	4.39	129.59	4.47	185.58	8.45	187.92	8.41
原料(不含燃料)	449.80	20.98	1 301.48	44.56	923.26	34.18	1 504.26	63.32	1 122.50	52.70
矿物燃料、润滑油及相关原料	1 626.03	50.41	7 612.63	139.14	4 799.45	105.61	9 261.58	162.63	4 345.59	133.32
动植物油、脂及蜡	40.26	0.19	108.14	2.30	108.48	1.11	201.20	1.73	197.56	1.64

续表

产品名称	2002 年		2008 年		2009 年		2014 年		2016 年	
	RW	*VC*	*RW*	*VC*	*RW*	*VC*	*RW*	*VC*	*RW*	*VC*
化学成品及有关产品	871.93	53.83	2 317.39	292.75	1 950.78	227.13	3 085.66	526.58	2 892.87	496.97
按原料分类的制成品	1 124.78	145.67	3 232.90	775.94	2 392.54	518.55	3 792.93	1 309.39	3 367.05	1 214.65
机械及运输设备	3 853.17	337.40	7 929.90	1 558.07	6 636.85	1 437.32	9 752.11	2 583.32	9 581.81	2 466.76
杂项制品	1 038.20	254.89	1 981.82	642.14	1 776.84	620.14	2 642.67	1 276.30	2 633.03	1 121.52
未分类的其他商品	227.96	0.73	981.39	11.03	738.71	10.38	860.78	1.58	738.09	20.03
所有产品	9 977.76	954.05	2 6831.61	3 607.23	20 561.53	3 102.85	32 978.66	6 198.72	26 739.20	5 794.19

(三)模型计算结果分析

将表 5－8 的相关数据代入式(2－2),得出 2002～2016 年中国对 RCEP 其他国家出口波动成因的 CMS 模型分析结果,见表 5－9。

表 5－9　2002～2016 年中国对 RCEP 其他国家出口波动成因的 CMS 模型分析结果

出口增长动因	2002～2008 年		2008～2009 年		2009～2014 年		2014～2016 年	
	贡献量/亿美元	贡献率/%	贡献量/亿美元	贡献率/%	贡献量/亿美元	贡献率/%	贡献量/亿美元	贡献率/%
出口实际变动	2 653.18	100.00	－504.38	100.00	3 095.87	100.00	－404.53	100.00
市场规模效应	1 611.53	60.74	－842.95	167.13	1 873.82	60.53	－1 172.78	289.91
产品结构效应	－355.86	－13.41	193.15	－38.29	－260.57	－8.42	837.55	－207.04
竞争力效应	1 397.51	52.67	145.42	－28.83	1 482.62	47.89	－69.30	17.13

1. **市场规模效应**

由表5－9可知：市场规模效应对中国产品出口RCEP其他国家影响较大，四个时期最低贡献率也达到60.53%，2014～2016年这个时期高达289.91%，表明RCEP市场需求对中国出口影响很大。这种现象具有两面性：当RCEP市场需求环境良好时，其对中国出口贸易的拉动作用会十分明显；当RCEP市场需求环境恶化时，其对中国出口贸易的制约作用也同样很大。比如2008～2009年这个时期，金融危机导致2009年中国对RCEP其他国家出口急剧下滑。2008年RCEP市场进口需求规模达26 831.61亿美元，而2009年这一需求规模下降至20 561.53亿美元，下降了23.37%；与之相对应，2008年中国对RCEP其他国家出口额达3 607.23亿美元，但2009年这一数值仅为3 102.85亿美元，下降了14.00%，降幅低于RCEP其他国家市场需求的降幅，也表明中国产品在RCEP市场具有较强的竞争力。

值得一提的是：2002～2008年、2009～2014年市场规模效应对中国出口RCEP其他国家产生正面影响，其贡献率分别为60.74%与60.53%；相对而言，2008～2009年、2014～2016年两个时期是起负面影响的，其负面贡献率则分别高达167.13%与289.91%，市场规模效应对中国出口RCEP其他国家的负面影响很有可能比正面影响更大。因此，RCEP其他国家市场稳定、经济平稳发展对中国出口来说也至关重要，一旦日本、韩国、越南、印度等主要进口市场需求及政策发生变动，将严重影响中国对RCEP市场的出口。换个角度分析，平稳发展的中国经济及市场需求对RCEP其他国家同样重要，在西方经济低迷、贸易保护主义抬头、WTO多边谈判陷入僵局、美国退出TPP等背景下，RCEP有望促进亚洲市场稳定及贸易自由。

2. **产品结构效应**

由表5－9可知：在2002～2008年、2009～2014年RCEP市场进口需求增长迅猛时期，中国出口RCEP市场的产品结构效应贡献量均为负值，表明中国各类别产品对RCEP其他国家出口额增速要低于RCEP其他国家从世界市场进口商品的总体增速，此时产品结构效应对出口贡献率也较低。在2008～2009年、2014～2016年两个时期是中国对RCEP市场出口贸易下滑时期，产品结构效应贡献量均为正值，表明中国各类别产品对RCEP其他国家出口额增速要快于 RCEP 其他国家从世界市场进口商品的总体增速,此时产品结构效应对出口的贡献率也较高,但依旧低于市场规模效应的贡献率。分类产品结构效应分析能清晰地比较出各产品结构效应的贡献率大小,中国对 RCEP 其他国家出口波动成因分析的产品结构效应变化情况如表 5 - 10 所示。

表 5 - 10　中国对 RCEP 其他国家出口波动成因分析的产品结构效应变化

产品类别	2002 ~ 2008 年/亿美元	比重/%	2008 ~ 2009 年/亿美元	比重/%	2009 ~ 2014 年/亿美元	比重/%	2014 ~ 2016 年/亿美元	比重/%
食物及活动物	-72.72	20.43	17.92	9.28	-10.48	4.02	47.22	5.64
饮料及烟类	-2.51	0.71	0.87	0.45	-0.77	0.29	1.70	0.20
原料(不含燃料)	4.29	-1.20	-2.54	-1.31	0.87	-0.33	-4.09	-0.49
矿物燃料、润滑油及相关原料	100.45	-28.23	-18.90	-9.79	34.41	-13.21	-55.55	-6.63
动植物油、脂及蜡	0.00	0.00	0.54	0.28	0.28	-0.11	0.30	0.04
化学成品及有关产品	-1.69	0.47	22.10	11.44	-5.03	1.93	66.73	7.97
按原料分类的制成品	26.96	-7.58	-20.37	-10.55	-9.64	3.70	100.71	12.02
机械及运输设备	-212.94	59.84	110.04	56.97	-193.34	74.20	443.65	52.97
杂项制品	-198.88	55.89	83.64	43.30	-72.32	27.75	236.82	28.28
未分类的其他商品	1.18	-0.33	-0.15	-0.08	-4.55	1.75	0.07	0.01
所有产品	-355.86	100.00	193.15	100.00	-260.57	100.00	837.55	100.00

由表5-10可知:机械及运输设备、杂项制品的产品结构效应较大地影响着中国对RCEP其他国家的出口,两类产品的结构效应波动与所有产品的波动趋势基本一致,可以看出这两类中国主要出口产品类别属于需求刚性较强的出口产品,即当RCEP市场需求旺盛时,这类产品的出口增速也不会太高,当RCEP市场需求下降时,对这类产品的需求下降幅度也不太大。考虑到我国机械及运输设备产品出口加工贸易比重偏高、杂项制品劳动密集型程度较高,该现象出现也较为合理,但也表明在中国对RCEP其他国家出口的产品结构中难以找到高附加值、增速较快的亮点产品类别。

3. 竞争力效应

2002~2016年四个时期竞争力效应贡献量分别为1 397.51亿美元、145.42亿美元、1 482.62亿美元、-69.30亿美元,总体来看竞争力效应对中国出口RCEP其他国家产生较大正面贡献,2002~2008年、2009~2014年两个阶段的竞争力贡献率的绝对值要明显大于2008~2009年、2014~2016年两个时期的。竞争力效应是相对指标,不仅受产品本身科技含量、生产工艺、外观、性能等指标影响,还受市场准入、贸易壁垒、消费者价值观、东道国文化等目标市场环境制约。因此,提升竞争力效应还要充分考虑国际市场环境及东道国因素。现阶段,国际出口形势复杂,中国产品参与国际竞争不仅要提升自身科技、品牌、渠道及服务等水平,还要充分研究目标市场文化、消费者偏好、法律及相关规则,2014~2016年中国对RCEP市场出口竞争力效应贡献量负值说明中国出口正面临巨大挑战。分类产品竞争力效应分析能清晰地比较出各产品竞争力效应贡献率大小,中国对RCEP其他国家出口波动成因分析的产品竞争力效应变化情况如表5-11所示。

表5-11　中国对RCEP其他国家出口波动成因分析的产品竞争力效应变化

产品类别	2002~2008年/亿美元	比重/%	2008~2009年/亿美元	比重/%	2009~2014年/亿美元	比重/%	2014~2016年/亿美元	比重/%
食物及活动物	-25.94	-1.86	21.11	14.52	45.02	3.04	15.76	-22.75

续表

产品类别	2002～2008年/亿美元	比重/%	2008～2009年/亿美元	比重/%	2009～2014年/亿美元	比重/%	2014～2016年/亿美元	比重/%
饮料及烟类	0.62	0.04	0.23	0.16	2.05	0.14	-0.15	0.22
原料(不含燃料)	-16.15	-1.16	2.57	1.77	7.62	0.51	5.46	-7.87
矿物燃料、润滑油及相关原料	-96.89	-6.93	17.89	12.30	-41.16	-2.78	57.02	-82.27
动植物油、脂及蜡	1.79	0.13	-1.19	-0.82	-0.33	-0.02	-0.06	0.08
化学成品及有关产品	149.69	10.71	-19.31	-13.28	167.31	11.29	3.29	-4.74
按原料分类的制成品	357.24	25.56	-55.69	-38.30	487.32	32.87	52.28	-75.45
机械及运输设备	863.69	61.80	133.31	91.68	471.33	31.79	-71.45	103.10
杂项制品	155.58	11.13	44.42	30.54	353.97	23.87	-150.13	216.63
未分类的其他商品	7.90	0.56	2.08	1.43	-10.52	-0.71	18.68	-26.95
所有产品	1 397.51	100.00	145.42	100.00	1 482.62	100.00	-69.30	100.00

由表5-11可知:从分类产品竞争力效应贡献率来看,2002～2008年、2009～2014年两个时期是RCEP市场进口需求增长迅猛时期,机械及运输设备、按原料分类的制成品、杂项制品、化学成品及有关产品在RCEP市场具有较强的竞争力,其余产品类别的竞争力严重缺乏;而在2008～2009年、2014～2016年两个时期是RCEP市场进口需求下降阶段,上述四大类产品

的市场竞争力明显下降。值得关注的是,食物及活动物(农产品)在 RCEP 市场的竞争力呈上升态势,后三个时期均对中国出口 RCEP 市场产生正面影响,尤其是 2014 ~2016 年贡献率达 22.75%,表明中国农产品在 RCEP 市场相对于其他国家农产品具有较强的竞争优势,但中国农产品出口 RCEP 市场比重依旧不高。

四、结论

1. RCEP 市场潜力巨大,中国对 RCEP 其他国家出口规模总体呈增长态势,金融危机及近两年世界经济低迷均导致出口出现下跌,但中国在 RCEP 市场出口额比重总体平稳;出口产品集中度较高,主要为加工贸易比重较高的机械及运输设备、劳动密集型的杂项制品及按原料分类的制成品,但附加值并不高,技术密集型的化学成品及有关产品出口额比重在逐步提升;出口市场主要集中于日本、韩国、新加坡、印度及澳大利亚,对日本市场出口额比重呈快速下滑态势,对越南、印尼、泰国、菲律宾等新兴市场出口额比重呈快速增长态势。2. 市场规模效应对中国产品出口 RCEP 市场影响较大,2008 ~2009 年、2014 ~2016 年 RCEP 市场进口需求下降导致市场规模效应为较大负值,当前中国对 RCEP 市场出口面临巨大挑战;机械及运输设备、杂项制品的产品结构效应主要影响着中国对 RCEP 其他国家出口,但缺乏高附加值、增速较快的亮点出口产品来拉动产品结构效应提升;竞争力效应对中国出口 RCEP 其他国家产生较大正面贡献,机械及运输设备、按原料分类的制成品、杂项制品及化学成品及有关产品在 RCEP 市场具有较强竞争力,但2014 ~2016 年明显下降,而农产品在 RCEP 市场的竞争力则呈现上升态势。

第三节 中国进出口商品结构合理度测算及优化

一、研究数据来源

国家统计局自1987年起每隔5年对国民经济进行大规模的投入产出调查与统计，虽然《2017年中国投入产出表》是最新的，但其电子版尚无法获取，因此本书依旧采用《2012年中国投入产出表》进行研究。考虑到统计数据的局限性，本书对2005～2016年中国对外贸易商品结构的演变情况进行分析，但只测算与比较2007年和2012年中国对外贸易商品结构的合理度情况，投入产出模型分析中的直接消耗系数主要依据2007年和2012年的《中国投入产出表》，此表将我国的国民经济来源分类成机械设备制造、纺织皮革制造、食品制造、化学、邮电运输等17个产业部门。

二、我国进出口商品结构演变分析

我国进出口商品结构的演变分析采用净出口额结构、进口商品结构和出口商品结构等指标。由于本书采用《2012年中国投入产出表》数据进行研究，故书中我国进出口商品结构涉及具体产业的演变分析期为2005～2012年，这些数据来源于历年《中国投入产出表》。而从国家公开发布的进出口商品结构数据（非历年《中国投入产出表》）获知的研究数据已经更新到2016年，这些数据与2012年《中国投入产出表》中17产业部门数据的统计口径不一样，因此我国2016年进出口商品结构涉及产业演变分析的分开阐述。

（一）我国商品净出口额结构演变分析

净出口是一国某产业商品出口值与进口值之间的差额。统计数据显示，2005～2012年我国商品净出口额呈上升之势，2012年我国商品净出口额为1.46万亿元，比2005年（0.91万亿元）增长了60.44%。8年里我国商品净出口额排名居前的产业演变情况见表5－12。

表5－12 我国商品净出口额排名前五的产业结构演变

年份	第一大产业	第二大产业	第三大产业	第四大产业	第五大产业
2005	纺织皮革制造	批发零售餐饮	邮电运输	建筑材料与非金属矿物制品业	食品制造
2007	纺织皮革制造	机械设备制造	批发零售餐饮	邮电运输	建筑材料与非金属矿物制品业
2010	纺织皮革制造	批发零售餐饮	机械设备制造	邮电运输	房地产及商务服务
2012	纺织皮革制造	机械设备制造	批发零售餐饮	邮电运输	建筑材料与非金属矿物制品业

从表5－12可以看到:8年里我国纺织皮革制造业的净出口额一直领先于其他产业,对我国外汇收入的贡献最大;而净出口额增速最快的产业部门却是机械设备制造,2012年该产业净出口额达1.32万亿元,是2005年的31.32倍,表明此行业商品的创汇能力提升速度最快;批发零售餐饮业、邮电运输业的净出口额排名也稳居前四,表明我国服务业创汇能力也较强。

(二)我国出口商品结构演变分析

统计显示:2012年我国商品出口额达13.67万亿元,是2005年的1.99倍,8年里我国商品出口额排名居前的产业演变情况见表5－13。

表 5 - 13　我国商品出口额排名前五的产业结构演变

年份	第一大产业	出口占比/%	第二大产业	出口占比/%	第三大产业	出口占比/%	第四大产业	出口占比/%	第五大产业	出口占比/%
2005	机械设备制造	42.16	纺织皮革制造	14.45	化工	7.50	批发零售餐饮	7.28	金属制造	7.00
2007	机械设备制造	42.35	纺织皮革制造	14.54	金属制造	9.12	化工	7.58	批发零售餐饮	4.97
2010	机械设备制造	44.05	纺织皮革制造	13.21	化工	8.44	批发零售餐饮	6.65	金属制造	6.35
2012	机械设备制造	43.22	纺织皮革制造	11.66	批发零售餐饮	9.03	化工	7.23	金属制造	6.40

从表 5 - 13 可以看到:8 年里我国机械设备制造业的出口额一直领先于其他产业,出口占比均大于 42%,并呈小幅上升态势;纺织皮革制造业商品的出口额排名虽然一直稳居第二,但出口占比呈逐年下降之势;化工、批发零售餐饮、金属制造出口额也均位居第三至第五名。

(三)我国进口商品结构演变分析

统计显示:2012 年我国商品进口额达 12.20 万亿元,是 2005 年的 2.05 倍,8 年里我国商品进口额排名居前的产业演变情况见表 5 - 14。

表 5－14　我国商品进口额排名前五的产业结构演变

年份	第一大产业	进口占比/%	第二大产业	进口占比/%	第三大产业	进口占比/%	第四大产业	进口占比/%	第五大产业	进口占比/%
2005	机械设备制造	47.91	化工	12.70	采掘	10.57	金属制造	7.13	纺织皮革制造	3.45
2007	机械设备制造	45.54	采掘	13.97	化工	12.30	金属制造	6.63	房地产和商务服务业	3.26
2010	机械设备制造	41.90	采掘	17.32	化工	11.71	金属制造	5.76	农业	4.04
2012	机械设备制造	37.58	采掘	20.40	化工	10.09	金属制造	8.00	农业	4.19

从表 5－14 可以看到：和出口产业结构一样，8 年里机械设备制造业的进口额一直领先于其他产业，进口占比均大于 37%，但却整体呈现下降态势；采掘业进口额排名一直稳居前三名，其进口占比整体呈现快速上升态势，充分反映出我国资源类商品供给不足；总体来看，工业制成品依旧是我国的主要进口品种，但其进口占比总体呈现下降趋势，而农业商品进口额排名在逐步提升。

（四）2016 年我国进出口商品结构演变分析

统计显示：2016 年我国净出口额达 3.35 万亿元，比 2015 年减少 0.33 亿元，但比 2012 年增加了 1.89 亿元。值得指出的是，2016 年我国对“一带一路”沿线国家进出口总额为 6.25 亿元，比 2015 年增长 0.5%。其中：出口 3.83万亿元，增长 0.5%；进口 2.42 万亿元，增长 0.4%。2016 年我国主要进出口商品贸易数据见表 5－15。

表 5－15　我国主要商品进出口额及其增长情况

出口商品名称	出口金额/万亿元	出口比上年增长/%	进口商品名称	进口金额/万亿元	进口比上年增长/%
钢材	0.36	－7.8	大豆	0.22	4.1
纺织纱线、织物及制品	0.69	1.9	铁矿砂及其精矿	0.38	7
服装及衣着附件	1.04	－3.7	煤	0.09	25.1
鞋类	0.31	－6.2	原油	0.77	－7.5
家具及其零件	0.32	－3.8	初级形状的塑料	0.27	－2.2
数据处理设备及部件	0.91	－4.1	钢材	0.09	－2.3
手持或车载无线电话	0.76	－0.9	未锻轧铜及铜材	0.17	－3.3
液晶显示板	0.17	－11.6	汽车	0.29	6.1

从表 5－15 可以看出：在出口商品结构方面，2016 年我国服装及衣着附件的出口金额最多，为 1.04 万亿元，同比减少 3.7%；其次为数据处理设备及部件，出口额为 0.91 万亿元，同比减少 4.1%。在进口商品结构方面，2016 年我国原油进口金额最多，为 0.77 万亿元，同比减少 7.5%；其次为汽车，为 0.29 万亿元，同比增长 6.1%。总体来看，纺织皮革制造业、机械设备制造业依旧是我国出口商品主要分布产业，而采掘与机械设备制造业依然是我国进出商品主要分布产业。

三、我国进出口商品结构的合理度评价

（一）出口商品结构的合理度评价

基于2007年与2012年的《中国投入产出表》，测算出我国17个产业部门的影响力系数，并进行比较，得到我国影响力系数与出口占比排名靠前的产业*EXT*值，详细内容见表5-16。

表5-16　我国影响力系数与出口占比排名靠前的产业*EXT*值

年份	产业	影响力系数 T_j	T_j 排名	出口占比/%	出口占比排名	EXT_j	EXT_j 排名	出口合理度指数 *EXT*
2007	机械设备制造	1.32	1	42.35	1	0.56	1	1.18
	金属制造	1.24	2	9.12	3	0.11	3	
	化工	1.23	3	7.58	4	0.09	4	
	纺织皮革制造	1.21	4	14.54	2	0.18	2	
	建筑业	1.19	5	0.43	15	0.005	13	
	批发零售餐饮	0.77	14	4.97	5	0.038	6	
2012	机械设备制造	1.31	1	43.22	1	0.57	1	1.16
	金属制造	1.24	2	6.40	5	0.08	4	
	化工	1.23	3	7.23	4	0.09	3	
	纺织皮革制造	1.20	4	11.66	2	0.14	2	
	建筑业	1.16	5	0.57	14	0.007	12	
	批发零售餐饮	0.67	15	9.03	3	0.06	5	

从表5-16可以看出：（1）两阶段的影响力系数表明机械设备制造、纺

织皮革制造、金属制造、化工和建筑等五大产业是我国经济的支柱产业，国家对这些产业一定要加大投入并优先发展。分析两阶段影响力系数的演变，发现前五大产业影响力系数变动较小，反映出五大产业对我国经济的拉动效应比较稳定。(2)影响力系数排名和出口占比排名的一致性不高现象存在，不利于我国出口商品结构合理性的提升。例如，第一阶段影响力系数排名第五的建筑业出口占比仅列第十五名，第二阶段影响力系数排名第十五的批发零售餐饮业出口占比却位列第三。五大支柱产业中，机械设备制造业的出口合理度最高，建筑业最低，其余三大支柱产业波动不大。(3)我国商品出口合理度指数小幅下滑，金属制造与纺织皮革制造等支柱产业出口合理度下降是造成此现象的主要原因，针对性地提高支柱产业出口合理度更有利于推动我国对外贸易与产业结构的协调互动发展。

(二)进口商品结构的合理度评价

基于2007年与2012年《中国投入产出表》，测算出我国17个产业部门的推动力系数并进行比较，得到我国推动力系数与出口占比排名靠前的产业 *IMS* 值，详细内容见表5－17。

表5－17　我国推动力系数与进口占比排名靠前的产业 *IMS* 值

年份	产业	推动力系数 S_i	S_i 排名	进口占比/%	进口占比排名	IMS_i	IMS_i 排名	进口合理度指数 *IMS*
2007	机械设备制造	1.89	1	45.54	1	0.86	1	1.57
	化工	1.69	2	12.30	3	0.21	3	
	金属制造	1.58	3	6.63	4	0.11	4	
	采掘	1.57	4	13.97	2	0.22	2	
	电力热力水供应	1.28	5	0.02	17	0.0003	17	
	房地产和商务服务业	0.60	16	3.26	5	0.020	6	

续表

年份	产业	推动力系数 S_i	S_i 排名	进口占比/%	进口占比排名	IMS_i	IMS_i 排名	进口合理度指数 IMS
2012	采掘	1.69	1	20.40	2	0.34	2	1.40
	化工	1.68	2	10.09	3	0.17	3	
	机械设备制造	1.49	3	37.58	1	0.56	1	
	金属制造	1.48	4	8.00	4	0.12	4	
	电力热力水供应	1.08	5	0.018	17	0.0002	17	
	农业	1.04	6	4.19	5	0.044	5	

从表 5 – 17 可以看出:(1)机械设备制造、采掘、金属制造、化工、电力热力水供应等产业的推动力系数排名居前,此外农业的推动力系数也大于 1,表明这些产业对其他产业的推动效应高于平均水平。比较两阶段推动力系数的演变,发现采掘业推动力系数快速增长至第一名,但其进口占比依旧是排名第二。(2)推动力系数排名和进口占比排名的一致性不高现象存在,不利于我国进口商品结构合理性的提升。例如,第二阶段推动力系数排名首位的采掘业进口占比远低于机械设备制造业,两阶段推动力系数排名第五的电力热力水供应业进口占比却位列各产业末席。(3)我国商品进口合理度指数的下滑速度大于出口合理度指数,机械设备制造、化工、金属制造等产业进口结构优化空间较大。(4)化工、机械设备制造和金属制造业在两阶段的影响力和推动力系数均排名靠前,表明这些产业承担着支柱产业和瓶颈产业两种角色,此类产业在国民经济中的地位异常突出,一定严格监控并及时调整其推动力与影响力系数,从进口、出口两个维度努力提高我国进出口商品结构的合理性。

四、结论

我国纺织皮革制造业的净出口额一直领先于其他产业,机械设备制造业的出口与进口份额一直领先于其他产业;我国出口与进口商品结构合理度均呈现下降趋势,其中进口合理度下降幅度更大;机械设备制造、纺织皮革制造、金属制造、化工和建筑等支柱产业影响力系数相对稳定,影响力系数排名和出口占比排名的一致性不高现象存在;采掘业推动力系数快速增长至各产业的第一名,推动力系数排名和进口占比排名的一致性不高问题比出口更加严重,化工、机械设备制造和金属制造业同时承担着支柱产业和瓶颈产业两种任务,我国进出口商品结构具有较大的优化空间。

第六章
出口增长与技术结构升级对策的思考

第一节　农产品出口增长的战略对策

一、中国农产品出口合理增长的战略对策

主要包括：一是要加强对日本、韩国、美国、欧盟等中国农产品主要出口市场的竞争力演变及贸易政策变化进行监测，尤其是绿色壁垒、技术性贸易壁垒等贸易保护政策，要充分利用国际多边贸易规则维护自身利益，必要时发起贸易救济措施积极应对。二是顺应国家"一带一路"倡议，大力开拓新兴经济体市场。要进一步巩固及拓展中国农产品在泰国、越南、菲律宾等新兴市场的出口份额，同时要积极开发俄罗斯、南非、巴西、马来西亚等新兴经济体及"一带一路"地区的市场潜力，不断提高中国出口农产品的市场分布效应。对可能有贸易壁垒的、萎缩的传统主要市场也可以进行适当的出口数量控制，以避免不必要的贸易摩擦。三是加强科技创新，打造出口农产品的中国品牌。中国是农产品出口大国，但许多出口农产品在国外市场销售用的并不是中国品牌，而是贴牌销售，这种代工模式、低附加值的出口发展模式无长期发展价值，也不利于中国农产品及相关企业的国际竞争力提升。为此，政府要出台相关政策加强农产品行业出口引导，主动培育重点农产品生产企业的科技创新能力及品牌意识，打造更多中国品牌出口农产品，不断提升中国出口农产品的附加值。四是适应国际市场需求变化，加大海外投

资力度。中国农产品的出口产品结构效应太低,主要原因是中国出口农产品无法适应世界需求结构变化。中国农产品生产企业一定要多做调研、多做新产品研发、多重视目标市场国家(地区)的文化需求特征,提高中国出口农产品的市场适应性及竞争力效应。此外,随着中国经济的快速发展,有条件的中国农产品生产企业一定要"走出去",充分利用国外资源与技术,还可以避免各种贸易摩擦,更好地适应东道国市场需要。

二、中美农产品贸易健康发展路径

主要包括:一是加强对美国农产品市场及竞争力演变的监测,充分利用国际规则维护自身利益。中国是美国重要的贸易伙伴之一,美国是中国农产品的主要进口来源国。要重点关注美国国内有关农业补贴政策变动、农业生产与出口波动情况、农业领域的就业情况等,为我国农产品进口企业及政府提供决策参考。此外,要充分利用 WTO 农产品贸易规则维护国家利益,并努力提升在国际多边规则制定中的发言权,引导农产品国际贸易规则朝公平化、自由化及多边化方向发展。二是弹性调整对美农产品贸易政策,进一步提升中美农产品贸易依存度。美国是世界第一大经济体,其国内巨大的消费市场对中国经济的贡献是非常大的,当然其也依赖中国进口其过剩的农产品。短期来看,中国进口大量巴西大豆可以给美国油料产品出口带来巨大冲击,促使美国政府意识到中国市场的重要性。但长期来看,中国依旧要利用充足的外汇储备优势,加大对美国农产品的进口,并且要多元化美国农产品的进口产品结构,提升国内居民的生活品质,提高美国农产品对中国市场出口的依赖性,有利于缓解中美贸易的逆差问题,进一步降低贸易摩擦发生的风险。当然,中国茶叶、苹果汁等一系列特色农产品也要提高自身质量标准及国际竞争力,积极开拓美国市场,以实现中美农产品贸易的互补互惠,提升中美农产品贸易总额。三是进一步延伸贸易合作平台,推进两国农业全方位交流。农产品国际贸易形式合作过于单一,且易引起贸易摩擦,不利于两国贸易与产业的深入合作交流。中美两国农产品贸易平台要进一步延伸,比如农产品检验检疫标准的对接、农业生产技术与设备的合作研发、两国农业领域投资进一步开放，等等，逐步提升两国农业融合度、互补性和依赖性，也可使中美两国农业资源得到更好优化利用，促进中国农业现代化水平进一步提高。

第二节　林产品出口增长与结构优化对策

一、中国林产品出口增长对策

主要包括：一是密切关注中国木质林产品在重点市场是否可能遭受到新技术及贸易壁垒，比如碳足迹认证。尤其要重视美国、英国等中国主要木质林产品出口市场，其市场竞争力效应及需求规模效应是中国木质林产品出口增长的重要推动力。当前，世界格局正在发生着变化，西方经济体针对中国的贸易保护主义及单边主义行动风险也日益加大。二是要大力开拓潜力市场，提高出口质量。要进一步巩固及拓展中国木质林产品在印度、澳大利亚、越南、沙特等市场的出口份额，同时要积极开发俄罗斯、南非、巴西等新兴经济体市场潜力。此外，要进一步提高出口产品的附加值。中国木质家具、纸及纸制品出口居世界第一，大大提升了中国木质林产品的产品竞争力效应。但这些产品的附加值并不高，纸及纸制品生产还严重污染了环境，且这些产品在国外也是贴牌销售，这种代工模式、低附加值的出口发展模式无长期发展价值，这种局面一定要尽快改变。

二、中国活性炭出口结构优化与竞争力提升对策

主要包括：一是要实施活性炭深加工战略与品牌战略，提高中国活性炭产品的附加值与出口价格，政府要做好对低端低价活性炭产品的出口严格审查与控制工作。我国活性炭产品出口价格偏低的根源在于国内活性炭小企业泛滥、生产活性炭产品质量普遍偏低、各企业为争取国际市场而纷纷采取低价倾销的现象普遍存在。活性炭小企业偏多的主要原因在于偏低的行

业准入门槛，故政府还必须提高我国活性炭企业在产量、资金、环保等方面的准入门槛，对不达标小企业进行生产限制甚至关停。此外，要进一步实施活性炭品牌打造战略，严格控制无牌和贴牌活性炭产品出口现象，提高出口产品的附加值。二是要更多地关注新兴国家市场。中国活性炭出口一定要更多关注印度、印尼、巴西、俄罗斯、南非等新兴经济体市场，多元化我国活性炭产品的出口市场分布，以便降低活性炭的出口市场结构风险。三是要实施“走出去、引进来”战略，主动向国外竞争对手学习。活性炭生产企业要主动走出去学习欧美活性炭生产强国的生产技术，大力引进国内外活性炭生产及污染防控方面的专家。政府要出台政策严控国内活性炭的投产门槛，严格监督现有生产企业的污染物排放及控制情况，坚决关闭环保不达标的活性炭生产企业，必须将我国活性炭企业的生产均控制在环保标准范围之内。四是要实施活性炭出口数量控制战略。供给状态往往会影响产品价格，活性炭属稀缺类资源性产品，也是全球需求量快速增长的环保产品，中国活性炭出口量的不断增长未必有利于产品单价与出口效益的提升。国内龙头活性炭生产企业应该主动牵头组建活性炭生产企业联盟，进一步整合小型活性炭生产企业，并尝试构建一个有效的活性炭产量及出口数量控制机制，有利于改变中国活性炭产品低价出口的局面，长期来看对任何一家中国活性炭企业来说都有利，对我国活性炭资源也是一种保护。

第三节　环境产品出口增长与技术结构升级对策

一、中国可再生能源产品出口增长对策

主要包括：一是加强对重点市场的监测，做好反贸易保护准备。加强对美国、欧洲、日本、韩国、印度等重点市场的中国可再生能源产品竞争力变化的监测，充分研究这些市场的贸易政策，掌握全球可再生能源产品需求变化趋势；当前，西方经济体针对中国的贸易保护主义及单边主义行动风险日益加大，可再生能源产业一定要做好反贸易保护准备，并加强对国内相关企业

进行政策及法律指导。二是主动扩大进口，延伸贸易合作平台。中国依旧要利用充足的外汇储备优势，加大对美国、欧盟等重点市场的技术及产品进口，并且要多元化进口产品结构，提高这些市场对中国的依赖性，也有利于降低贸易摩擦发生的风险。此外，可再生能源产品国际贸易形式合作过于单一，且易引起贸易摩擦，中国与重点出口市场的贸易平台要进一步延伸，比如可再生能源技术标准的对接、可再生能源技术与设备的合作研发、可再生能源领域投资进一步开放等等，逐步提升中国与重点出口市场的产业融合度、互补性和依赖性。

二、中国环境产品出口技术结构升级对策与思考

主要包括：(1)高技术复杂度产品出口额比重偏低明显制约中国可再生能源产业整体技术水平提升，这方面需要向丹麦等可再生能源产业强国借鉴与学习；另一方面，中国具有发达国家无法比拟的劳动力资源成本优势，一定要利用好该比较优势来提升中国可再生能源产业国际竞争力。(2)后危机时代，贸易与产业转型升级是中国开放型经济水平提升的重要内容，可再生能源作为战略性新兴产业要在技术层面实现突破。经过多年发展积累，再加上政府相关扶持政策，中国可再生能源产业发展不缺资本。为此，相关可再生能源企业一定要摒弃短期市场利益，加强可再生能源产品的技术研发投入，逐步提升高技术产品出口额比重。(3)环境产品生产企业一定要摒弃短期市场利益，加强人才与科技研发投入，寻求环境领域核心技术的更多突破。2018 年 6 月，江苏鑫华集团电子级多晶硅成功量产，成为继 Wacker、hemlock、Mitsubishi 之后世界上为数不多的能量产电子级多晶硅企业。这样的突破性技术能大大提升中国环境产业出口技术水平，推动产业技术结构升级，提高中国环境产品在国际分工中的地位。(4)丰富国际技术合作形式。环境产品出口贸易形式过于单一，且易引起贸易摩擦，因此要主动延伸与新加坡、美国、欧盟等技术领先国家的贸易平台合作，比如环境产品技术标准对接、环境产品技术与设备合作研发、环境领域投资进一步开放，等等；中国环境产品生产企业还需要更多的“走出去”，充分利用国外资

源与技术。(5)研究心得及展望。首先,环境产品范围选择对研究结论影响很大。环境产品范围主要有 APEC、OECD 与世界银行的三个标准,但各标准差异很大。其次,*PRODY* 值分类方法不同也会影响研究结论。本书使用相对值分割方法,若使用其他方法,研究结论也会有所差异。因此,技术结构分类研究也值得进一步深入探讨。

第四节　中国出口贸易合理增长与结构优化对策

一、中国对 RCEP 其他国家出口贸易合理增长的对策

主要包括:(1)提高核心出口产品附加值,打造出口产品的中国品牌。针对当前对 RCEP 市场出口规模效应及竞争力效应下降问题,必须提升我国核心出口产品附加值,尤其是要控制加工贸易与劳动力密集型产品出口额比重,打造更多中国出口品牌,提升出口产品综合竞争优势。(2)优化出口产品结构,更好适应 RCEP 市场需求变化。针对产品结构效应偏低问题,必须打造一批高附加值、增速快的亮点出口产品,要通过科技创新提升出口产品质量、功能及附加值,要对 RCEP 其他国家文化、消费偏好等进行充分研究,以便出口产品更加符合 RCEP 市场需求。对于 RCEP 的部分发展中国家,其产业结构与中国有诸多重叠,出口市场相互具有竞争,要努力错位发展及避免同质竞争。(3)主动扩大对 RCEP 其他国家进口产品结构与规模,提升与 RCEP 其他国家贸易依存度。中国是 RCEP 市场最大经济体,进口市场也是区内最大。一定要利用本国充足外汇储备优势,主动扩大对 RCEP 其他国家进口产品结构与规模,提高区内国家产品对中国市场的出口依赖性,利于中国与区内国家贸易更加平衡,并带动成员国经济发展。(4)积极推进 RCEP 谈判进程,加大对 RCEP 其他国家投资力度。虽然 RCEP 由东盟主导,但中国作为大国也要努力协调各方,在 RCEP 谈判中充分发表意见,掌握一定的话语权,促使 RCEP 协议早日签订。此外,随着中国经济快速发展,中国企业一定要"走出去",充分利用国外资源、市场及技术,通过产业项目合作

带动出口贸易，也为RCEP其他国家经济发展提供资本及动力。

二、优化中国对外贸易商品结构的对策

主要包括：(1)政府要出台相应政策来引导影响力系数较大的支柱产业企业调整其生产与出口商品的结构，努力提升化工、金属制造与建筑业商品的出口额占比，增强这些支柱产业的国际竞争力，提高产业影响力系数和出口额占比，使两大排序尽可能地一致，提升我国出口商品结构合理度水平。(2)一方面，要进一步加大我国采掘与化工这两大产业的进口力度，确保这些主要瓶颈产业的供给，也可进一步提高产业推动力系数和进口额占比，使两大排序尽可能地一致，提升我国进口商品结构合理度水平。从可持续发展角度来看，化工与采掘业本就属于资源型产业，扩大进口额比重也能更好地保护国内同类资源，有利于提高我国经济发展的可持续性。另一方面，要适当降低机械设备制造商品的进口额占比，毕竟该产业的推动力系数仅排名第三。一定时期内我国进口国外商品所需的外汇资源具有稀缺性，一定要提高其利用率，一定要确保国民经济最瓶颈的产业得到最多的进口优先支持。(3)国内外经济政治形势在时刻变化，我国进出口商品结构的投入产出分析指标值也在相应地发生着变化，一个新技术的诞生也可能使某个瓶颈产业转变成非瓶颈产业或支柱产业。为此，政府要鼓励企业追踪支柱及瓶颈产业技术发展前沿领域，以技术创新促产业与贸易的协同发展。要时刻跟踪我国进出口结构合理度评价中的影响力系数、推动力系数、进出口占比等变化情况，以便及时实施对应的政策措施，确保我国商品进出口合理度保持在一个持续稳定、优化的状况。

参考文献

[1]HAUSMANN R,JASON H,DANI R. What you export matters[J]. Journal of economic growth,2007,12(1):1 -25.

[2]LALL S, JOHN W, ZHANG J K. The "sophistication" of exports : a new trade measure[J]. World Development,2006, 34(2):222 -237.

[3] LI L C , LIU J L , LONG H X,et al. Economic globalization, trade and forest transition-the case of nine Asian countries[J]. Forest Policy and Economics,2017,76:7 -13.

[4] NISHIJIMA S, FURUKAWA T , KADOYA T,et al. Evaluating the impacts of wood production and trade on bird extinction risks [J]. Ecological Indicators,2016, 71:368 -376.

[5]KATSIGRIS E, BULL G Q, WHITE A,et al. The China Forest Products Trade: Overview of Asia-Pacific Supplying Countries, Impacts and Implications[J]. International Forestry Review,2004,6(3/4):237 -253.

[6]KOEBEL B M, LEVET ANNE-LAURE, NGUYEN-VAN P,et al. Productivity, resource endowment and trade performance of the wood product sector [J]. Journal of Forest Economics,2016,22:24 -35.

[7]ZHANG D W, LI Y S. Forest endowment, logging restrictions, and China's wood products trade[J]. China Economic Review,2009,20:46 -53.

[8]WAN R,NAKADA M,TAKARADA Y. Trade liberalization in environmental goods [J]. Resource and Energy Economics,2018(51):44 -66.

[9] STEENBLIK R. Environmental goods : a comparison of the APEC and OECD lists[J]. OECD Papers, 2003,3(12):1 -61.

[10]TYSZYNSKI H. World Trade in Manufactured Commodities, 1899 - 1950 [J]. The Manchester School,1951,19(3):272 - 304.

[11]ZHAO Z Y, YANG H J, ZUO J. Evolution of international trade for photovoltaic cells: A spatial structure study [J]. Energy, 2017 (124): 435 - 446.

[12]关志雄. 从美国市场看"中国制造"的实力:以信息技术产品为中心[J]. 国际经济评论,2002(4):5 - 12.

[13]顾晓燕,聂影. 金融危机下中国木质林产品出口市场布局优化研究[J]. 林业经济问题,2009,29(6):485 - 488.

[14]夏晓平,隋艳颖,李秉龙. 中国畜产食品出口波动的实证分析:基于需求、结构与竞争力的三维视角[J]. 中国农村经济,2010(10):77 - 85.

[15]邓琳琳,侯敏. 基于相对值分割法的中国工业制成品出口技术结构变化的测算[J]. 国际贸易问题,2017(10):49 - 60.

[16]刘钧霆,佟继英. 我国文化产品出口贸易特征及增长因素实证研究:基于多国 CMS 模型的因素分解[J]. 国际经贸探索,2017,33(11):32 - 48.

[17]李海鹏,张俊飚,朱信凯. 我国蔬菜出口的增长效应分析[J]. 国际贸易问题,2007(2):24 - 28.

[18]张寒,聂影. 中国林产品出口增长的动因分析:1997 ~ 2008[J]. 中国农村经济,2010(1):35 - 52.

[19]傅喻. 中国新能源产业出口竞争力研究:基于 1998—2010 年海关数据[J]. 调研世界,2013(6):48 - 52.

[20]李丽平,张彬. APEC 环境产品清单对中国的影响及其战略选择[J]. 上海对外经贸大学学报,2014,21(3):5 - 15.

[21]刘明. 新能源产业国际贸易关系及中国现状:基于空间引力模型[J]. 中国流通经济,2015(8):94 - 99.

[22]龚清华. 中国环境产品的国际竞争优势评估[J]. 对外经贸实务,2014(2):36 - 39.

[23]温珺,尤宏兵. 环境产品贸易自由化能改善发展中国家的环境质量

吗[J]. 国际经贸探索,2017,33(12):22－36.

[24]顾晓燕,聂影. 基于 CMS 模型的中国木质林产品出口增长因素分析[J]. 世界林业研究,2010,23(1):76－80.

[25]廖灵芝,吕宛青. 中国林产品贸易壁垒研究综述[J]. 林业经济问题,2015,35(6):558－561.

[26]张少博,田明华,于豪谅,等. 中国木质林产品贸易发展现状与特点分析[J]. 林业经济问题,2017,37(3):63－70.

[27]石小亮,张颖. 世界林产品贸易发展格局与预测[J]. 经济问题探索,2015(1):140－150.

[28]温珺,尤宏兵. 环境产品贸易自由化:中国企业的竞争力与决策选择[J]. 国际经济合作,2015(2):36－40.

[29]朱向东,贺灿飞,毛熙彦,等. 贸易保护背景下中国光伏产业空间格局及其影响因素[J]. 经济地理,2018,38(3):98－105.

[30]陈斯琴,刘旭东,长青. 光伏产业技术创新与产业竞争力比较研究[J]. 河北经贸大学学报,2016,37(6):97－100.

[31]郭本海,李军强,张笑腾. 多主体参与下中国光伏产业低端技术锁定突破问题研究[J]. 北京理工大学学报(社会科学版),2017,19(4):18－27.

[32]蒋振威,盖文启. 技术创新、产业创新系统与价值创造:基于中国光伏产业视角[J]. 中南大学学报(社会科学版),2017,23(2):111－119,140.

[33]李威. 论 WTO 新能源贸易争端及我国的对策[J]. 上海对外经贸大学学报,2018,25(1):5－16.

[34]王磊,陈柳钦. 中美贸易博弈新聚点:新能源贸易领域的合作与摩擦[J]. 经济研究参考,2012(20):3－11.

[35]田开兰,杨翠红. 中欧光伏贸易争端对双方经济损益的影响分析[J]. 系统工程理论与实践,2016,36(7):1652－1660.

[36]戴翔,张二震. 中国出口技术复杂度真的赶上发达国家了吗[J]. 国际贸易问题,2011(7):3－16.

[37]魏浩. 中国出口商品结构变化的重新测算[J]. 国际贸易问题,2015

(4):16 - 26.

[38]樊纲,关志雄,姚枝仲. 国际贸易结构分析:贸易品的技术分布[J]. 经济研究,2006(8):70 - 78.

[39]杜修立,王维国. 中国出口贸易的技术结构及其变迁:1980—2003[J]. 经济研究,2007(7):137 - 151.

[40]汤碧. 中国高技术产业价值链地位的测度和影响因素分析[J]. 经济学动态,2012(10):65 - 70.

[41] 吴石磊. 现代农业创业投资的梭形投融资机制构建及支持政策研究[M]. 北京:经济科学出版社,2018.

[42]耿献辉,张晓恒,周应恒. 中国农产品出口二元边际结构及其影响因素[J]. 中国农村经济,2014(5):36 - 50.

[43] MOON W. Is agriculture compatible with free trade? [J]. Ecological Economics,2011,71:13 - 24.

[44]陈晓娟,穆月英. 技术性贸易壁垒对中国农产品出口的影响研究:基于日本、美国、欧盟和韩国的实证研究[J]. 经济问题探索,2014(1):115 - 121.

[45]何树全,周静杰,苏青娥. 中国对美国农产品出口增长因素分析:基于恒定市场份额模型的实证分析[J]. 统计与信息论坛,2009,24(1):70 - 75.

[46]杨莲娜. 中国水产品对欧盟出口波动影响因素分析[J]. 农业经济问题,2011,32(6):103 - 109,112.

[47]李常君. 中国蔬菜出口日本的增长效应分析[J]. 世界经济研究,2006(2):59 - 64.

[48]熊立春,程宝栋. 中国林产品贸易成本测算及其影响因素研究[J]. 国际贸易问题,2017(11):25 - 35.

[49] GAN J B . Effects of China's WTO accession on global forest product trade [J]. Forest Policy and Economics,2004,6(6):509 - 519.

[50]曹旭平,张丽媛. 中国活性炭产业国际竞争战略选择[J]. 林业经济问题,2011,31(5):416 - 419.

[51]赵欣,万志芳.中国活性炭出口竞争力评价与分析[J].林业经济问题,2015,35(1):84-90.

[52]姜伟,王涛.生产性补贴对中国新能源企业出口影响的实证研究:基于微观企业面板数据[J].国际经贸探索,2017,33(9):26-39.

[53]卫迎春,张梅梅.我国环境产品出口贸易影响因素动态分析:基于 CMS 模型测算[J].国际贸易问题,2016(4):107-116.

[54]陈爱蓓.中美新能源贸易摩擦问题评析[J].扬州大学学报(人文社会科学版),2013,17(3):27-32.

[55]周晓剑,宋思源.RCEP 激发亚洲经济增长新动力[J].国际贸易,2016(9):66-68.

[56]陈淑梅,全毅.TPP、RCEP 谈判与亚太经济一体化进程[J].亚太经济,2013(2):3-9.

[57]孙立芳,陈昭."一带一路"背景下经济开放度如何影响农产品国际竞争力:来自 RCEP 成员国的证据[J].世界经济研究,2018(3):81-94,136.

[58]ANWAR H. Inter industry linkages, resource use and structural change: An input-output analysis of Minnesota's forest-based industries[D]. Minnesota: University of Minnesota, 1996.

[59]HAMILTON C. The sustainability of logging in Indonesia's tropical forests: A dynamic input-output analysis[J]. Ecological Economics, 1997, 21(3): 183-195.

[60] COX B M, MUNN I A. A comparison of two input-output approaches for investigating regional economic impacts of the forest products industry in the Pacific Northwest and the South[J]. Forest Products Journal, 2001, 51(6): 39-46.

[61]许宪春,刘起运.中国投入产出分析应用论文精粹[M].北京:中国统计出版社,2004.

[62]刘慧.中国消费结构合理度及其对产业结构的影响:基于投入产出模型的判断[J].经济与管理研究,2004(1):79-85.

[63]耿献辉. 我国进出口商品结构变动及其优化:基于投入产出表的实证分析[J]. 经济学家,2010(8):40-46.

[64]薛健,吴国蔚. 基于投入产出的我国进出口贸易对产业产出影响研究[J]. 国际贸易问题,2010(4):19-24.